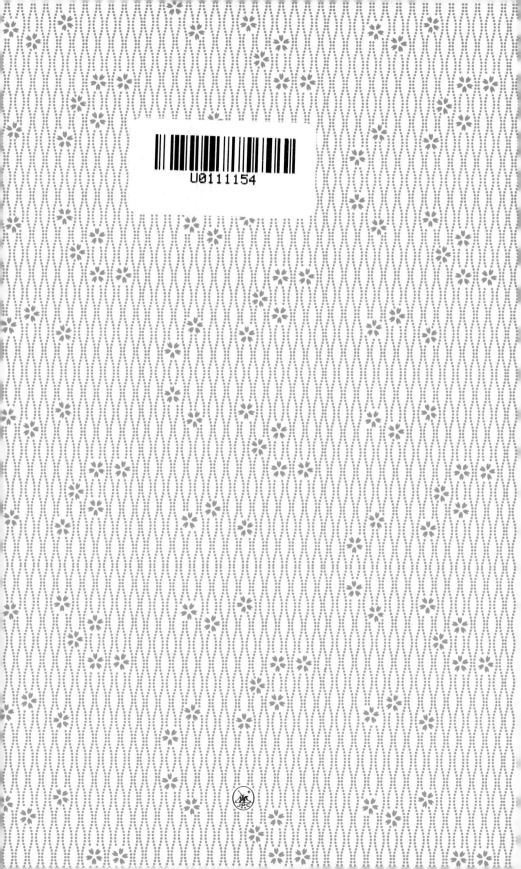

香港要覽

（外三種）

梁英杰　高翔　樊敏麗　譯

趙雨樂　鍾寶賢　李澤恩　編註

責任編輯　李　斌
書籍設計　孫素玲

書　　名　香港要覽（外三種）
編　　註　趙雨樂　鍾寶賢　李澤恩
譯　　者　梁英杰　高　翔　樊敏麗
日文審訂　張利軍　王　琪
出　　版　三聯書店（香港）有限公司
　　　　　香港北角英皇道 499 號北角工業大廈 20 樓
　　　　　Joint Publishing (H.K.) Co., Ltd.
　　　　　20/F., North Point Industrial Building,
　　　　　499 King's Road, North Point, Hong Kong
香港發行　香港聯合書刊物流有限公司
　　　　　香港新界大埔汀麗路 36 號 3 字樓
印　　刷　美雅印刷製本有限公司
　　　　　香港九龍觀塘榮業街 6 號 4 樓 A 室
版　　次　2017 年 3 月香港第一版第一次印刷
規　　格　特 16 開（150 × 230 mm）272 面
國際書號　ISBN 978-962-04-3454-9
　　　　　© 2017 Joint Publishing (H.K.) Co., Ltd.
　　　　　Published & Printed in Hong Kong

序言

　　明治時期的日本，從幕末以來屈辱的不平等條約中恢復過來，一躍而成亞洲近代化的火車頭。在區內能夠與日本的摩登事物相比的，可能就是英國殖民地統治下的香港了。事實上，鴉片戰爭後開港開埠，香港這塊華夷並處之地，對日本人來說有著頗多觀察。它既是東西經商的理想之地，人們每天都為生意貨財忙個不停，同時在中外民眾交往的過程中，又看到殖民地的階級定律——大批吃苦耐勞的華人甘願為西方人勞役，形成社會上下層的生產關係。在這看似矛盾重重的社會組織之間，卻又成功衍生出完整的行政、立法、司法的權威制度，以及警察、監獄等支援設施。這些，在日人眼中仍然是相當新鮮的見聞。

　　隨著「明治維新」的全面展開，富國強兵、殖產興業、文明開化等重點，再不是遙不可及的政治口號。近代軍事強國所需的徵兵制、海陸軍建設，以及天皇制下節節勝利的大本營作戰方略，均令日本舉國的自我形象提升至全新高度。日本人羨慕香港之處，首先是英國人在當地的優良監督，配合大批基層的勞動力，形成管理完備的著名港埠。此外，他們更關心的是，外國資金如何通過龐大的銀行制度網絡，建構出系統而具風險管控的借貸活動，成功支持著各行各業的蓬勃拓展，成為亞洲資本主義城市的典型。倘若說十九世紀為日本人在香港經營的試驗初階，步入二十世紀的大正時代日本，更表現出一種國家對外的自信與存在感，亟欲掌握香港的商業數據，從而對本地作出行業產值的總評。從中，日人可以知道本港開發的速度，也有助理解此地如何跨越第一次世界大戰取得長足發展的秘訣。

　　對日本人來說，大正時代是國家由盛而轉至滯後的時代。日本藉

甲午戰爭、日俄戰爭，吞併朝鮮等戰利開動了國內產業革命，唯侵略軍事受到民主政治制約，演變成了由國會、政黨與內閣的權力內耗，產業引擎開始出現放緩。明治時代未顯露的深層問題，於此時期也逐步顯現。面對上述的隱憂，日本在亞洲取得的資訊便十分重要，藉各地物產資源、生產結構、行業運作的考察，可以為日後戰略性的部署早作準備。本冊輯錄的《香港要覽》、《香港的工業》、《香港事情概要》、《香港的金融機關》四書，即大致描畫了大正四年（1915年）至大正七年（1918年）香港的社會經濟面貌。作為日本的殖民地，且是南進路線中的橋頭堡，臺灣總督府殖產局著意於掌握香港的工商形態，致力刻畫一幅齊全的評估圖像。

例如在比對華洋經濟強弱消長方面，書中認為外國人經營的工業項目裏，「造船業正在取得相當好的成果」，而「紡織業市況不佳，已決定遷往上海」。至於中國人經營的工業，「豬油製造業，生產量達1,800噸」，「皮革業狀況不佳，日本製鞋業狀況良好」。從類似的評估可見，大正政府分析的方法，正循香港資產構造（外商、華商），並與日本本國作內外優劣的對比，從而得出精準的資源分配和產業取捨。至於各種新式銀行，諸如香港上海滙豐銀行、渣打銀行、有利銀行、荷蘭安達銀行、荷蘭銀行、法蘭西銀行、中法實業銀行、萬國寶通銀行、廣東銀行、亞細亞銀行、東亞銀行、工商銀行等22間銀行的資本組織及存貸情況，均予以清晰的綜合紀錄。

日本對近代香港瞭如指掌，熟悉程度已遠超十九世紀下半葉日人在香港的艱苦營商時期，但始終無法染指於英人以及香港華人在這塊土地上的領導地位。基於商業以外的軍事國防考慮，大正日本一直關心華南沿岸及香港的港口建設，例如海軍基地、泊港船種、倉庫儲存、稅制及入港手續，都是深刻觀察的對象。大正日本，基於國內立

憲政黨推動著「德謨克拉西」的民主運動，在一定程度上拖延了軍事擴張主義，對外策略和分析仍然由理性先導。香港迅速在歐戰以後恢復經濟繁榮，也見證了英人在亞洲的另一奇跡，早晚為日本覬覦，閱此書者當發現日人對香港紀錄的巨細無遺。

作為文本研究，本書提供的不但是近代日本人在港的所見所聞，亦涉及二十世紀初香港的新貌。這些現地紀錄，有別於過往殖民地政府的英文史料，側重上層管治政策的宣傳。同時，也有別於清末民初的中文史料，往往將香港事情歸結於沉重的國族主義，缺少對在地居民的描畫。它代表著第三隻眼睛，判斷香港在中英之間所以持續發展的原理，以另類的史料彌補香港本土為人忽略的歷史角落。諸如街道的稱呼、風災的善後、海域的救援，均為活潑的社區題材，將之視作早期香港的全紀錄，並不為過，從中可與中英相關資料互相比對，得出不一樣的視野。

2012 年的夏天，中日關係因釣魚島問題陷入冰點，不少本應是雙方學術文化層面分析的外交議題，轉瞬間成為了不能觸碰的政治敏感地帶。在本書編註者中，李澤恩先生的研習課題是活潑多元的，從香港史的領域出發，細緻如殖民地的郵票信箱，大至三年零八個月的日英攻防戰，均不斷提供他深耕的歷史素材。在整理史料之餘，他也開始注目於戰時日治臺灣政府存留的香港紀錄。我因在大學教授香港史和日本研究有年，對這些資料的價值早有觸及，但由於是日文資料，往往只能列為另類參考，與學習者的關係仍為生疏，殊感可惜。於是又找來同行好友香港浸會大學歷史系鍾寶賢教授，共同商議分卷編集的可能，並著手譯文及註釋的事宜。

作為日人調查，香港自十九世紀至二十世紀中葉的記載是別具意義的。它源於領事館人員的在港紀錄，逐步擴充至日本僑胞的居住

活動，早期記載十分平實，擺脫了英文資料那種殖民地的述事意識。隨著日本「明治維新」的引擎開動，日人資金的流動、軍政要人的走訪，自然觸及對香港金融、港口等制度的各種關注。復由戰爭的部署與佔領，由大正至昭和時期，日人對本港各項企業及民生建設，可謂瞭如指掌。從時局的推移上，略可組成一系列的香港觀察叢書：第一冊《明治時期香港日本人》（記明治六年以後事，1937 年出版）；第二冊的《香港工業》（大正四年，1915 年）、《香港事情概要》（大正五年，1916 年）、《香港金融機關》（大正九年，1920 年）、《香港要覽》（大正十一年，1922 年）；第三冊的《香港的港勢和貿易》（大正十一年，1922 年）；第四冊的《香港水道調查報告書》，（昭和十七年，1942 年）；第五冊的《軍政下的香港》（昭和十七年，1942 年）；第六冊的《香港事情‧南洋民族文化史》（昭和十七年，1942 年）、《香港事情概要》（昭和十七年，1942 年）、《最近的香港事情》（昭和十八年，1943 年）。

在漫長的學術編書構想之中，本書最後命名為《東瀛遺珠：近代香港的日本人紀錄》，大家均認為文化分析應具備先行的角色，而且希望盡可能以平常心看待亞洲地緣互動的事象。例如《明治時期香港的日本人》，是本人唸大學的時代已愛讀的日文史料，內中看見日本僑民海外謀生的辛酸事跡。由明治而大正，大正而昭和時期，赴港日人仍然重視本地的經營環境，諸如銀行資料、香港產業、港口設置等等，無一不可以與其他中英文一手原文中找到相關對照，形成耳目一新的新史料。這些日人寫香港的書籍，到底有多少本子，至今俱無定論，蓋內中分屬於領事館、殖民地部、軍部抑或個人名義書寫，形式多變，內容不拘一格。尚幸日治時期臺灣總督府圖書館保存了相關資料，現由國立臺灣圖書館繼承藏品，我們今天不用大費周章到日本編採，也可略窺全豹，留下香港寶貴的歷史檔案。

要處理浩瀚的港日史料，史學界仍然有很多不同方法，彼此得以互相參詳照應。就在本叢書緊鑼密鼓籌備，並請得京都大學經濟學部畢業的梁英杰先生統籌第一卷中文翻譯事宜之際，喜聞吾友東京大學博士李培德兄也聯同濱下武志教授編纂了純日文的類似叢書，題為《近代亞洲的都市和日本：香港都市案內集成》，所收書目互有異同，分別在 2013 年和 2014 年，由東京的書局出版了第一套（1—6 卷）和第二套（7—13 卷）。全書出版價格可觀，而日文又非一般香港人所能理解，更催促了本書付梓的決心。在梁君的極積籌劃下，本書的第一、二冊分別由廣東外語外貿大學高翔教授、樊敏麗教授譯出，如期在兩年內付稿。香港方面，則由本人和浸會大學歷史系鍾寶賢教授、李澤恩先生為本書多方解讀，提供詳細的註釋。

叢書編譯事業至為勞神，本書可以如期付梓，體現的是編者、譯者、註者的共同努力。在此衷心感激香港三聯書店出版二部經理梁偉基博士，沒有他的精心策劃，本書難以用現時易讀易解的方式展示。香港三聯書店總編輯侯明女士提議在紛繁的歷史事象當中，本書宜製作表例，將通用的中英日的官名、人名及機關都列於互相參照的平臺上，意見十分適切，凡此大大增加了本書的可讀性。叢書第一冊《明治時期香港的日本人》面世以後，如何接續當中的時序與文筆風格，如何更系統展現由明治而大正的時代轉折，也有賴侯明總編輯的悉心指導，在此深表感謝。責任編輯李斌先生在督責整個書稿流程上，於文字、見解和表達等各方面，給予編者的意見亦至為寶貴，筆者特此感謝！

趙雨樂

謹識於香港公開大學人文社會科學院

2016 年 10 月 24 日

凡例

1. 本書根據一系列近代香港關係的日本書籍進行中文翻譯和註解，成書意念上，以華文世界讀者作為首要對象。譯文務求以精準的句譯方法為主，同時考慮中日之間的行文差異，個別句子為求通順易明，仍會參酌漢語語境，稍作適當的意譯，力求信、達、雅兼備的譯文效果。

2. 本書翻譯的人名、地方、官職，常涉及日本人通用、卻非該國以外地區常用的名詞。例如「清國」即「清朝」，「總統」或「鎮臺」都是意指駐港的「總督」，「英國東洋艦隊」譯作「英國遠東艦隊」比較明晰。為避免對此等日本漢字的誤解，中文譯本仍採納香港慣用的名物方式，至於部分機關名，以及英譯而來的日文片假名，則直接括以英文。

3. 文獻是時代的產物，離不開特定時期的用語，從文本的建構主義觀察行文者的書寫意識，未嘗不發人深省，反照歷史的原型。故此，本書並不刻意迴避明治以後日本對外擴張的精神面貌。例如從「皇國」（「我國」）和「支那」，可主觀反映它對中國的優越感；又如黃種、白種、有色人種等民族界別，均具強烈的歧視性和排他性。在統計人口時，將「歐洲人」、「支那人」、「印度人」、「亞洲人」等項並列；在以國別統計進出口數據時，又將「支那」、「滿洲」並列，此類發乎日本政界與民間的獨特表述，多與事實相悖，但正展露其時的國家行為以及民間認識，所以均盡量於中譯本內保留原貌。

4. 近代日本以天皇年號紀年，由明治而大正、昭和，時而與西曆的時間觀念並行。為使讀者掌握人事發生的確實年代，本書在只有日本年號記事的情形下，會加入西方年份為提示。至於人物生卒，概以西曆為主，原文之中偶有日本年號與西曆兩者出入之處，則考究史事的正確年代，加以修正。

5. 在翻譯過程中，由於涉及內地與香港兩套不同的稱呼，加上日人書寫亦有前後誤差，例如「砵典乍」和「砵甸乍」、「荷理活道」和「荷李活道」等等，本書一律以後者的香港習慣說法為準則，俾令讀者大眾感覺地道易明。

6. 書中人物豐富，述事錯綜，活動浩繁，凡編者認為須加說明之處，皆另闢註解文字於後。或考證史實的真偽，或深究人脈和制度，或聯繫前因與後果，方便讀者延伸學習，繼續學術查考。

7. 為行文之便，編者或直接在原文段落中加上「編者按」的字眼。此等按語，代表編者、譯者和註者的統一看法，在無意改動原書敘文的情況下，標示閱讀時應該注意的地方，當中並不涉及政治理念前設，凡此在這裏略作說明。

中英日文詞彙對照表

日本漢語	中文	英文
支那	中國	China
支那舢舨	中國小船（戎船）	Chinese Sanpan
南支	南中國	South China
米國	美國	United Sates of America
獨逸	德國	Germany
露國、露西亞	俄國	Russia
佛國、佛蘭西	法國	France
丁抹、抹	丹麥	Denmark
荷蘭、蘭	荷蘭	Holland
諾威	挪威	Norway
伊太利	義大利	Italy
澳地利國	奧地利	Austria
濠州	澳洲	Australia
比律賓	菲律賓	Philippines
新嘉坡	新加坡	Singapore
盤谷	曼谷	Bangkok
屯門澳	青山灣	Castle Peak Bay
鉢典乍街	砵甸乍街	Pottinger Street
銅羅灣	銅鑼灣	Causeway Bay
九龍埠頭倉庫會社	九龍倉	The Hong Kong and Kowloon Wharf and Godown Company

日本漢語	中文	英文
薄扶林水源地	薄扶林水塘	Pok Fu Lam Reservoir
香上銀行	香港上海滙豐銀行	Hong Kong and Shanghai Bank
三菱會社	三菱公司	Mitsubishi Company
英國亞細亞東部艦隊	英國遠東艦隊	The China Station of British Royal Navy
總督代理	代總督	Acting Governor
太政大臣	首相	Chancellor of the State
外務卿、外務大輔	外交部長	Minister of Foreign Affairs
書記官	秘書	Secretary
海軍省	海軍部	Ministry of the Navy
海軍卿	海軍大臣	Minister of the Navy
陸軍省	陸軍部	Ministry of the Army
陸軍卿	陸軍大臣	Minister of the Army
大藏省	財政部	Ministry of Finance
大藏大輔	財政部長	Minister of Finance
工部卿	工業部長	Minister of Industry
大將	上將	General
中將	中將	Lieutenant General
少將	少將	Major General
大佐	上校	Colonel
中佐	中校	Lieutenant General
少佐	少校	Major General
大尉	上尉	Captain
中尉	中尉	First Lieutenant
少尉	少尉	Second Lieutenant

總 目

香港要覽

臺灣總督官房調查課

目錄

第一章　地理

綜述

香港皇家殖民地（Crown Colony of Hongkong）包括英國領土——香港島、舊九龍（Old Kowloon），英國租借地——九龍半島（Peninsula of Kowloon）及其附屬諸島。它是英國對支那、日本商業貿易的重大中心地，也是軍事要地。

香港島

第一次鴉片戰爭結束後，根據 1842 年簽訂的《南京條約》，清國將香港島割讓予英國。它位於 22°9' 至北緯 22°17'，東經 114°5' 至 114°16' 之間，臨近珠江河口。它位於支那海上，距廣東省省城廣州 90 英里，與澳門相隔 40 英里。邊界線長 28 英里，東北至西南 10.5 英里，南北長約 2 至 5.5 英里，是一個總面積僅約 29 平方英里的小島。全島幾乎全是花崗岩遍佈的山嶽與丘陵地帶，從海濱區域地勢急劇傾斜，地表隆起，自東向西蜿蜒盤旋，行至湍急的溪谷處被攔腰截斷。丘陵的最高點為面向西海岸的太平山（Victoria Peak），海拔高達 1,800 英尺。海岸雖在狹窄的平地，但總體形成了斷崖絕壁的景觀。該島又與支那大陸的九龍半島一衣帶水，兩地相距 1 英里，與西邊的入口——鯉魚門，更是僅隔 0.25 英里，形成一個天然的優良港灣，即維多利亞港。南海岸呈鋸齒狀，兩個半島在海中突出，形成兩個天然的港灣。西邊為深水灣（Deep Water Bay），東邊則為大潭灣（Tai-Tam Bay）。大潭灣防護工程完備，灣口深達 60-96 英尺。西南海岸有鴨脷洲（Aberdeen

Island）橫臥於海中，成為香港仔港的防波堤。該港內有數所船塢。

舊九龍

依照 1860 年的《北京條約》，九龍半島南端約 4 平方英里的平地被割讓。距香港島維多利亞城僅咫尺之間。九龍市區就在這裏。

九龍租借地

1898 年九龍租借條約（編者按：《展拓香港界址專條》）規定英國可從清國租借該地 99 年，並稱之為新租借地（New Territory）。該地原本屬於清國廣東省新安縣，包括九龍半島以及大小 40 個附屬島嶼。該地北起大鵬灣（Mirs Bay）東方的石牛角（Mirs Point），[1] 沿著大鵬灣海岸向西，西端連接九龍半島至深州灣（Deep Bay）的東端，沿著深州灣的北岸延至外海，順著東經 113°52' 的經線直下，穿過南大嶼山西岸出到外海，沿北緯 22°9' 的緯線向東，轉至東經 114°30' 的經線北上，到達石牛角。此番路線涵蓋 376 平方英里的疆

---

1 英國租借新界後，曾先後在部分邊界位置設置界石，以作標示及確定界址。陸上界線共置有二十塊，於 1899 年設置，由大鵬灣海岸線與沙頭角著陸點開始，沿中英街、沙頭角河及深圳河，至蓮麻坑一帶為止，界石兩面分別刻有「光緒二十四年　中英地界　第 X 號」及「ANGLO-CHINESE BOUNDARY 1899 NO X」，至於為何在蓮麻坑以東不設置界石，編者相信由於深圳河中下游的寬度足以形成一明顯的天然界線而毋需另設標示。至於海界則設置三座界碑於著陸點，分別位於大鵬半島南端的石牛角（現稱為黑岩角，鄰近西涌大鹿灣）、大嶼山的狗嶺涌及大澳，於 1902 年設置，界碑基座刻有詳細的文字說明，內容包括經緯度、地理名稱、負責測量的英軍艦艇名稱等。目前大嶼山的兩座界碑仍完好無缺地豎立在原址，但大鵬半島的一塊則在十多年前被推倒到山腳的石灘，被發現後獲深圳當局保存並移往大鵬所城博物館收藏展覽。至於為何南頭半島南端未有設置海界碑，可能由於海界碑由英方單方面豎立，但該著陸點鄰近赤灣炮臺，為避免清廷反對所致。

域。其中半島本土面積為 286 平方英里，90 平方英里由島嶼組成。附屬島嶼中最大的是大嶼山，面積超過香港島，島上全是山嶽，極少有平地。其他如南丫島、長洲、吉澳、糧船灣洲、坪洲、青衣、蒲臺島等都是主要島嶼。[2]

半島租借地地形主要是山脈，一條大山脈由東向西連接兩側海岸，其中一山脈分支自中央部分向西南方向蜿蜒，大嶼山附近諸島就由此而形成。東部也有數脈分支，由馬鞍山到九龍峰呈南北走向的山脈稱之為九龍山脈。丘陵的北部有多條溪谷，東西兩岸形成諸多村落。西北端是深圳灣及深圳河附近，這裏是邊界，極為濕潤的土地沿著較荒蕪的丘陵地帶一直延伸至東部。

第二章　沿革

鴉片戰爭前

很早以前支那人就認為香港是一個良港，香港也由此而得名。但當時文明之光尚未照耀到此處。1840 年英國國旗在這裏飄揚以前，這裏僅有幾艘草葉漁船停泊，也幾乎無任何歷史。也有

2　香港境內的大部分島嶼都屬於萬山群島的一部分，散落在珠江水系的多個出海口處，乃進出珠江流域的必經之地。在廣義上，萬山群島的東極位於香港東南面的擔杆島，而西極則遠至潭江入海口崖門對出的大襟島，因此亦包括香港管治的部分島嶼以及澳門全境。但由於近年行政區域的分界，因此目前一般人所指的萬山群島只會包括由珠海市萬山鎮、桂山鎮及擔杆鎮所組成的島嶼群，甚至只是大、小萬山島及其鄰近島嶼所組成的萬山列島。

歷史學家認為，1628年明朝滅亡前夕，為逃脫滿清皇朝的暴虐（編者按：原文如此，與史實有出入。皇太極改國號為「大清」是在1636年。），明朝臣民中有人逃命到此。這記述甚為模糊，不能視之為定論。總之，當時的香港島僅有少數漁民與農民居住於此，與外界貿易無往來，也少受到皇朝興亡以及政治性變革所帶來的影響。

與此相反，九龍半島卻與支那的接觸稍微密切。宋朝末代皇帝從忽必烈的進攻中逃脫，1287年於九龍的一處洞窟內避難。九龍半島上一處岩石上的碑文證實了這個事實。碑文上寫著「宋王臺」，大概指宋朝皇帝所在之處。英國佔領這裏時，原居民以崇拜宋帝亡魂之由向香港政府提出要求，希望不要破壞這塊岩石。1898年，布力少將（Major-General Wilson Black）在任時代，立法會一致決議，決定在當地永久保存這塊岩石。[3]

1841年，香港從支那政府割讓出去，成為皇家殖民地之一。

3　宋王臺石刻原位於稱為聖山的小山崗，即現時香港飛行總會對出的前啟德機場停機坪所在位置。南宋末年德祐二年正月十八日（1276年2月4日），元軍攻克南宋首府臨安，當時5歲的宋恭帝趙㬎和太皇太后謝道清被俘虜。趙㬎及其母親楊淑妃與弟弟趙昺由國舅楊亮節，朝臣文天祥、陸秀夫、陳宜中、張世傑等護衛南逃，到達福州濂浦平山福地後擁趙昰為帝，是為宋端宗。後沿海逃避元軍追捕，曾在九龍馬頭圍村一帶短暫停留。後世為紀念此事跡，故在附近山崗上刻「宋王臺」三字，而該山崗亦被稱為「聖山」。在十九世紀末，有人在聖山採石作為建築材料，對宋王臺古跡造成破壞，九龍城一帶之居民群起反對工程，獲定例局華人議員何啟爵士支持，並在1898年8月15日提出動議，要求政府立法保存宋王臺古跡。1899年，定例局通過《保存宋王臺條例》，禁止在聖山採石，二十世紀初一群華人富商捐款建立宋王臺公園，於1916年落成，成為當年的旅遊熱點。除聖山外，附近亦有宋端宗親妹晉國公主之墓，是為「金夫人墓」，但後來港英政府將該地撥歸聖公會興建聖三一堂而被湮沒。

與支那開戰初期，英國旨在保護本國的商業貿易，又因英國派遣的官員及商人難以應對支那官員傲慢蠻橫的要求，由此深感必須佔領這些地區的海岸。1833 年，英國駐華商務總監律勞卑勳爵（Lord William John Napier）經由澳門於翌年到達廣東，將自己的任命書遞交給兩廣總督。而兩廣總督對其極為鄙視，不願接見，還揚言斷絕與英國的貿易往來，態度十分強硬。律勞卑極為憤慨，為維護英國尊嚴，遂向英國政府請求派遣當時的印度駐軍到支那。他的報告書上寫道：「於西南季風的第一日派遣一小部隊，可以憑此取得香港。此地位於珠江口的東面，是達到諸多目的地的極好地方」。但律勞卑不幸身染熱病，等不及實現其願望就客死澳門。兩年之後，喬治・羅便臣爵士（Sir George Best Robinson）再次將律勞卑的意見提出，認為必須以武力手段來確保英國在支那的地位。他對英國政府提出，當務之急是必須佔領對商業貿易最為有利的島嶼。由此至 1839 年局勢極為不穩。（1839 年）3 月 22 日英國駐華商務總監義律上校（Captain Charles Elliot）又建議將所有停泊於廣東外投錨地的英國船隻駛進香港，升起英國國旗以抵抗支那政府的一切壓迫行為。這樣一來，英國人從廣東撤退，退到澳門避難。但支那政府見英國人退到澳門，便立即威脅澳門政府。

　　義律認為除非英國與支那關係得以根本改善，否則英國人與英國船隻再度入廣東港口內也難免危險，因此應該禁止船隻入廣東港。他在給帕爾馬斯頓大臣的書信中寫道：「事實上，澳門地區的安全對於葡萄牙政府來說並不是那麼重要，但對英國政府卻是舉足輕重的，更何況是這種局勢。」由此，他向外交大臣巴麥尊勳爵（Henry John Temple, 3rd Viscount Palmerston）建議，應該讓葡萄牙將澳門的諸權力讓與英國，並就有效防禦澳門等事項與葡萄牙建

立協議等。他的建議因某種原因最後泡湯，但英國由此獲得了在支那謀取永久利益的方便，在香港佔領了更為有利的根據地。

依照義律的命令，起初很多船隻都紛紛聚集至香港，但英國水手與美國水手之間多起紛爭，支那人也多有死傷。加之支那政府對澳門態度愈來愈惡劣，義律認為當下務必停留在澳門直至秋季，等待協議的達成。而其最終於 1839 年 8 月 24 日退離澳門，來到香港。

英國民眾普遍認為義律率領英國官吏退出澳門，必會大大地滿足支那人，殊不知支那人正是希望將英國人全數逐出澳門。此時英國人已經決定逐步撤出澳門，8 月 25 日除少數病患留在醫院以外，其餘人均乘坐 HMS Volage 號海警船平安到達香港。當時的香港不是什麼大地方，英國人只得在船上起居。頑固的支那人仍對此窮追不捨，甚至停止了糧食的供給，又往飲用水裏投毒，在海岸邊豎立警告牌告知支那人不可飲用。自此九龍灣上小規模的海戰之火已經點燃。9 月 4 日義律乘坐卡達號，率領小型武裝船 HMS Pearl 及 HMS Volage 號所屬短艇前往九龍，向奉命停止糧食供給的 3 艘支那船發出了抗議書。等了 6 個小時，支那方面顧左右而言其他不給確切答覆，於是義律派一短艇到海岸邊囤積糧食。事後準備返回時，支那官員派人前來恐嚇，將糧食全數卸下船隻。義律上校接到消息後大為憤怒，遂向 3 艘支那船隻開炮。支那方面也不示弱，支那船及海岸的炮臺發起猛烈的回擊。炮戰半小時後，英方因缺乏火藥戰力不足，但中方船隻也有損傷[4]。45 分鐘之後，為避免正面交鋒，英

4　這場小規模海戰稱為「九龍海戰」，導火線源於虎門銷煙，以及義律拒絕交出殺害尖沙咀村民林維喜之兇手，林則徐下令驅逐英國人出境以斷絕其

國船隊在炮臺的掩護下拔錨起航。之後急速備好彈藥，再度牽制支那船，使得支那船隻返回原地。第二日清晨英國方面準備再次發起進攻，支那方面才全面解除糧食供給的禁令。之後不久還被迫簽訂了協定，歸還了大多數英國人在澳門的居住地。協定期間為數周，11月3日又在穿鼻洋簽訂海上協定，結果支那方面悄然退卻。

英國船隻駛向澳門，11月3日夜入澳門港。為保證英國船隻退去時的安全，達成了英國人乘船的規定，後於11月4日到達香港。

義律預測船隻若停靠香港可能會受到各方襲擊的危險，早在10月26日就命令撤回英國商船 Toug-Koo 號。他認為應該尋找比香港更為安全的地方。船隊意見沒有達成一致，同日36艘汽船的船長聯名上書義律，希望可以准許船隻在香港滯留。義律11月8日稱不會改變原來的決定。至此，20個公司，倫敦公司的代理員以及11個保險公司的代理員再次聯名上書勸告，但義律毫不動搖。數日後，Toug-Koo 號被強行撤回。1840年英國與清朝政府之間危機重重。英國政府與東印度公司交涉，該公司決定以政府名義派遣遠征軍。約4,000陸軍在戈登・伯麥爵士（Sir Gordon Bremer）的統帥下，分乘15艘軍艦，4艘汽船，25艘運送船於6月底到達香港。由此，香港成為英國勢力的中心地。

1841年全權代表義律向全英國人公佈了同支那全權代表琦善簽訂的草約。

補給而引發，亦可視為「鴉片戰爭」的前哨戰。本報告書由於主要參考自英方的檔案，所以英方的參戰資料較為詳盡。當時珠江口以東的洋面及沿岸由大鵬外海水師營管轄，總部設在大鵬所城，而九龍海戰則由大鵬營參將賴恩爵指揮向英方還擊。

一、清廷割讓香港島及香港港口給英國

二、清廷賠償英國 600 萬銀元

三、兩國地位對等，可直接交換公文書

　　由此，自 1 月 26 日起，香港島歸屬於維多利亞女王的名義之下，正式歸英國所有。英中兩方後廢棄該條約，支那政府在 1842 年的《南京條約》中正式承認該島的割讓。期間香港實由英國人控制，1841 年義律全權代表女皇陛下，任命愛德華・卑路乍為司令長官，宣佈了英國對香港的佔有。[5] 同年 5 月 7 日，《香港轅門報》第一號發刊。該號報紙登載了香港島行政的委任情況。4 月 30 日步兵第 26 聯隊所屬的威廉・堅上尉被任命為裁判官，位在總監義律之下。義律認為英國佔領香港島應同葡萄牙佔領澳門立足於同一條件。因此，為維護居住於島上的支那居民的生命財產安全以及港灣的和平，裁判官應該盡可能地遵照支那的法律、習慣與慣例來行使權力，對其他居民則應該以英國公法為準。6 月 14 日土地開始買賣，諸多建築工程紛紛展開。新開埠的人口同年底幾乎達到 15,000 人。繼義律擔任全權代表的是砵甸乍爵士（Sir Henry Pottinger），他於 1842 年正式宣佈香港島應為自由港。但直到條約簽訂，這個新殖民地的命運依然未卜。針對當時下議院對英國政府是將香港當做殖民地還是將其放棄存有疑惑。對此，羅伯特・皮

5　愛德華・卑路乍爵士，英國皇家海軍軍官及測量員，曾擔任「硫磺號」艦長參與第一次鴉片戰爭，在上環水坑口登陸佔領香港，並對香港島進行測量。為紀念卑路乍在佔領及測量香港島一事的功勞，香港島西北岸的一處海岬、相鄰的海灣以及附近的一條道路以其命名。而香港島西北岸與青洲之間的海峽命名為硫磺海峽，以紀念「硫磺號」，並成為維多利亞港西航線的主要航道。

爾爵士（Sir Robert Peel）認為，在與敵國交戰的過程中回答這類問題尚為不妥。從他的回答中也可查知此時香港的前途仍是一片迷茫。條約簽訂後所有謎團解開。1843年6月23日清國全權代表耆英為批准交換條約來到香港。交換儀式在同月26日舉行，儀式結束後宣讀了宣告香港島為獨立殖民地的《香港殖民地憲章》[6]，砵甸乍爵士宣誓並擔任總督。此後香港在短時間內的進步發展實為顯著。鋪設了34英里的皇后大道，建設了諸多建築物。但這種日新月異的發展因瘧疾的蔓延曾一時中斷。[7]如此至1844年戴維斯爵士（Sir John Davis）任內，甚至有人認為放棄香港這塊殖民地或許會更有利。庫務司蒙哥馬里·馬丁爵士（Sir Montgomery Martin）起草了長篇報告書，其中提到21個月間第98聯隊失去257員士兵，2年間炮兵隊235人失去51人，以此力勸放棄香港對英國更為有利。他還認為新加坡是比香港更為發達的商業中心地。但戴維斯爵士在1845年4月的書信中強烈反對馬丁的意見，認為殖民地的發展以及改革阻礙殖民地發展初期的弊病是需要時間的。他在有生之年並未能見到願望實現，若是能看到如今唐寧街（Downing

---

6 《香港殖民地憲章》是由維多利亞女皇以皇室制誥形式簽發的第一份香港憲制性法律文件，於1843年6月26日由香港總督砵甸乍爵士宣佈，以確立總督的權力，行政、立法、司法機關的制定等，作為管治香港殖民地的法律基礎。在此憲章宣佈之前，砵甸乍爵士的職位實稱為「香港行政官」。憲章於1917年修訂成為《英皇制誥》，並予以取代。

7 由於香港天氣潮濕炎熱，歐籍人士大多不適應，容易感染瘧疾、熱症等風土病而死亡，因此墳場亦成為香港開埠最早建立的公共設施之一。香港第一個公共墳場即現時位於黃泥涌的香港墳場，在1841年已經有人下葬，由於英國以基督教為國教，因此早期在香港墳場安葬的都是基督教徒，隨後才放寬予非教徒安葬於指定的墓區。至於其他宗教或社群亦有其自己的墓園，例如天主教、回教、巴斯教、猶太教等。

street）的繁榮，在九泉之下也該含笑了。

　　1846 年 5 月 26 日皇后大道中心與雲咸街交界的香港俱樂部開業了。該俱樂部之後經營了 50 年之久，1897 年 7 月遷移到新填海區。戴維斯爵士於 1848 年辭職，同年 3 月 30 日離開香港。數周後，般咸爵士（Sir George Bonham）被任命為總督。他在香港供職 6 年，為香港的發展鞠躬盡瘁，但期間軍營及住宅區飽受瘧疾的威脅，幾乎無一日安寧。1854 年 4 月 13 日任期滿。寶靈爵士（Sir John Bowring）就任英國全權代表及駐華商務總監，隨後兼任總督，在職期間實施各種土木工程，尤其是開鑿了寶靈城運河。這等功績是值得大寫特寫的。1859 年 9 月夏喬士・羅便臣爵士（Sir Hercules Robinson）繼寶靈之後就任總督。1860 年英國經駐廣東領事巴夏禮爵士（Sir Harry Smith Parkes）的交涉，取得了九龍半島部分土地的永久租借權。羅便臣總督在任期間，舊海灘上的岩壁已建造完好，也開展了填海工程。1862 年鐘樓也建成了。又設立了香港鑄幣局，但由於經費過大，1860 年關閉停業。而日本大阪的鑄幣局就是由此購買全套設施重建的。1865 年 3 月夏喬士・羅便臣爵士離港，孖沙（Mercer）就任署理總督直至新總督麥當勞爵士（Sir Richard Graves MacDonnell）1868 年上任。1867 年 11 月發生了一場大火，皇后大道以及海岸邊的十字路口至港務局一帶全部化為灰燼。麥當勞總督就任期間殖民地的收入遠遠不及支出，全靠徵收印花稅以及其他政策來彌補空缺。該總督在設施方面的建樹最令人讚賞的是東華醫院。這家醫院是 1872 年為醫療支那病人而建的。1872 年 4 月堅尼地爵士（Sir Arthur Kennedy）就任總督，留任至 1877 年。他為香港的發展盡心盡力，因此當地民眾給予他「值得尊崇的亞瑟爵士」之稱，還在植物公園內鑄有銅像。香港在

他的治理之下取得了驚人的發展。但 1874 年香港遭遇了有史以來令人難以忘記的厄運。前所未有的颱風襲擊了香港，奪走了很多人的生命，給財產也帶來巨大損失。

1877 年，繼堅尼地之後，軒尼詩爵士（Sir Pope Hennessy）被任命為香港總督，儘管施政多有困難但在職期間較為平穩。軒尼詩爵士 1882 年離港。期間殖民地的貿易發展勢如破竹，政府也由此積蓄了不少盈餘。但他在任期間，除在銅鑼灣修建了防波堤，設計興建天文臺以外，並無顯著的土木工事。1878 年聖誕節，維多利亞城的中央地方起火，368 棟樓燒為灰燼，損失巨大。軒尼詩爵士歸國之後，輔政司馬師爵士（Sir William Marsh）擔任署理總督，他施政平穩圓滑，一直到 1883 年新總督寶雲爵士（Sir George Bowen）到任。新總督到任後便匆匆開始興建大潭水塘，修建維多利亞書院、精神病院，成立天文臺，擴建政府公立醫院等。他又新增兩名定例局非官守議員。寶雲爵士於 1885 年 12 月 19 日離港。到 1887 年新總督德輔爵士（Sir George William Des Voeux）上任之前，一直設立署理總督一職。

此後，香港各方面均取得巨大發展。一直到 1889 年恐慌時代的到來。由於滙率的變動，投機熱的時興以及其他原因，恐慌持續了 5 年之久。1891 年德輔爵士辭職，駐港英軍總司令白加少將（George Digby Barker）擔任署理總督，1891 年 12 月 10 日威廉・羅便臣爵士（Sir William Robinson）就任總督。1894 年是香港殖民地史上不可忘記的年份。香港發生了鼠疫，其蔓延勢頭極為猖獗，在最嚴重的時候死亡人數達到 1 日 100 餘人。同年內死亡人數總共有 2,500 多名，香港貿易業由此遭受巨大打擊。全港都在思考如何消滅鼠疫。政府官員到每家每戶訪問，努力及時發現病

患，一旦發現則立即帶往醫院進行隔離。支那人區域的房屋全部塗上野呂，進行薰蒸。政府又在當地新建了臨時醫院，還令醫療隊與海陸軍、港務局附屬醫院聯合行動。在撲滅鼠疫上，功勞最大的要數什羅普輕步兵團。該聯隊所屬的士兵約 300 人挨家挨戶進行消毒，各處奔走，幾乎忘記了自己的生命危險。維思上尉（Captain Vesey）與 4 名士兵因此感染鼠疫而死去。

太平山區的鼠疫最為嚴重，採用了各種方法還是難以驅除。政府命令居民遷離該地，對離開的居民安排宿舍，當地的財產一律交予政府。這是出於衛生要求而對相關條例做出的修改。鼠疫在 6 月 7 日最為猖獗，一日內有 170 人死亡，新感染人數也有 69 人，此後疫情稍有好轉。9 月 3 日公開宣佈了鼠疫的發生。在鼠疫蔓延的同時，多數支那人為避難紛紛離港，香港人口一度減少至 8 萬。此外，平日人流如織、交通阻塞的皇后大道等地，也一時變得荒涼。隨著鼠疫漸漸消退，離開的居民也紛紛歸來，商業活動也開始恢復。其他諸港因為多停止了對鼠疫的檢查，因此汽船多半都來香港停靠。

1896 年鼠疫再次發生了，但來勢不如 1894 年那場猖獗，很快就得以消滅。1898 鼠疫再發，英國派遣了特別委員到香港，投入數百萬美元的資金以改善維多利亞城的衛生狀況。儘管積極實施了衛生政策，但鼠疫難以絕跡，幾乎每年都有發生。1900 年後鼠疫患者的統計情況如下表所示：

1900 年	1,087 人	1910 年	23 人
1901 年	1,651 人	1911 年	261 人
1902 年	572 人	1912 年	1,847 人
1903 年	1,415 人	1913 年	406 人

1904 年	472 人	1914 年	2,141 人
1905 年	304 人	1915 年	144 人
1906 年	892 人	1916 年	39 人
1907 年	240 人	1917 年	38 人
1908 年	1,037 人	1918 年	266 人
1909 年	124 人		

死亡率不低於 88.4%，但真正的死亡率並不是如此高。鼠疫蔓延初期以及後期，輕微的患者幾乎可以不接受治療而痊癒。香港鼠疫的特徵是入秋轉涼後突然消蹤匿跡。1918 年初突發腦脊髓膜炎，病患數多達 1,235 例，導致人心惶惶。政府遂向紐約洛克菲拉研究所（Rockefeller Institute, New York）要求派遣最擅長預防以及治療此病的技術人員。二等軍醫歐利基（Dr. Olitaky）5 月 5 日到港，提出維多利亞城西端不宜交通過於頻繁。在他的建議之下，在當地開始著手組織性的生產腦脊髓膜炎血清液。

威廉・羅便臣爵士於 1898 年 2 月 1 日離港，1898 年 11 月 25 日卜力爵士（Sir Henry Blake）到任，期間布力少將（Major-General Wilson Black）擔任署理總督。1898 年英國與清廷締結租借九龍半島 99 年的條約，次年 4 月 17 日本應交接，但支那暴徒奮起反抗，4 月 16 日輔政司在大埔插上了英國國旗。儘管該條約保障了清朝對九龍城的所有權，但在得知清廷官吏與暴徒共謀反抗後，英國索性佔領了九龍城。恰逢當時拳匪之亂[8]，1900 年香

8 　以報告所述的時間地點而言，拳匪之亂乃指義和團事件。清末中國國力積弱，西方列強，還有明治維新後崛起的日本都對中國幅員廣闊的土地虎視眈眈，不斷以侵佔、租借土地及興建鐵路等方式擴展其勢力範圍，並透過傳

港駐屯軍的一支隊伍被派往天津，去援助西摩爾上將（Admiral Seymour），香港由此變成由印度派遣的支那遠征軍的根據地，並作為軍隊及軍需品輸送中心地。

卜力爵士 1901 年底回英國。加士居少將（Major-General Gascoigne）擔任署理總督，獲得極好的評價。1901 年雨量極少，1902 年乾旱，甚至飲用水都得不到保證。因此開始實施大潭水塘的擴張工程及其他供水設施的修建。這些工程預算總共花費 200 萬元，但實際費用遠遠超過預算。1903 年 11 月卜力爵士被任命為錫蘭總督離港。到新一任總督彌敦爵士（Sir Matthew Nathan）到任之前，梅含理（Hon. Francis Henry May, C.M.G.）一直作為署理總督。彌敦總督所建設的工程中值得一提的是九廣鐵路。九廣鐵路是連接廣東與九龍的鐵路，英段從香港對岸的九龍到邊界深圳，總線路長 22 餘英里。盧吉爵士（Sir Frederick Lugard）離港期間，署任的梅含理爵士於 1910 年 10 月 1 日開通了此條線路。華段從廣東省城東南的大沙頭（廣州車站）到深圳，總長 88.37 英里。1911 年 9 月底竣工，全線開通。

1906 年所遭遇的天災也是難以忘記的。9 月 18 日，自殖民地

教引起的紛爭而從中謀取更多的利益，令一群居於華北地區的民眾不滿，逐漸形成一派帶有中國民間宗教背景的組織——義和拳，後被朝廷招安成為義和團。義和團的組織不斷壯大，於 1898 年開始活躍，參與的「拳民」最初進行燒教堂、殺教士，破壞鐵路等行徑，後期更進而對信洋教、通洋文、用洋貨的中國人施害。由於事件影響到各國在華的人員及利益，英、美、俄、日、法、德、意、奧匈八國聯軍，於 1900 年 5 月 31 日從大沽經天津攻入北京，而聯軍司令則由英國副海軍上將愛德華·霍巴特·西摩爾出任。聯軍於 8 月 15 日佔領京城，八國分界暫管，而慈禧太后等皇室成員則逃亡至西安。及後清廷指派慶親王奕劻及李鴻章為全權特使，與各國議和，最終於 1901 年 9 月 7 日簽署《辛丑條約》，以賠償巨款而告終。

建立以來從未有過的猛烈颱風襲來，又因天文臺的預警不力，招致了極為慘重的損失。颱風最為猛烈的時候僅有 2 個小時，但殖民地附近死亡人數達萬餘人，57 艘西洋商船沉沒，80 艘小蒸汽船也多少遭到破壞，而沉沒的戎克舢板船（編者按：即中國平底帆船）多達 2,413 艘。維多利亞會督霍約瑟主教及 14 名歐洲人不幸溺水身亡。[9]1908 年 7 月 27 日到 28 日早晨，強烈的颱風再度襲來，因天文臺發佈了低氣壓接近的警報，船隻所受的損傷並沒有 1906 年嚴重。但陸上財產損失則超過 1906 年。船隻損傷最為嚴重的要數沉沒的英京輪，船上死傷人數多達 420 人。鑑於數次天災降臨，當時就有人提出在銅鑼灣的避風塘以外，還應該設置保護小型船隻的地點。最終在望角咀新建了一個避風塘，工程於 1915 年竣工。

　　1907 年 4 月彌敦爵士離港，將由盧吉爵士接任新總督。在盧吉爵士 1907 年 7 月 28 日到任之前，梅含理再次署理總督一職。他大規模地實施土木工程，結果入不敷出。因此香港政府對傳統的自由貿易主義加以限制，對酒精飲料徵收輸入稅。該種稅收在戰爭期間成為一筆巨大的金額，之後對煙草也開始徵收同類稅收。盧吉總督在職期間最為顯著的政績是設立了香港大學。摩地（Hormusjee Naorojee Mody）提議給校方提供時價約 28 萬元

9　1906 年的風災稱為「丙午風災」，颱風從西太平洋經過巴士海峽進入南海，直接吹襲珠江口。由於颱風的風力強勁而且移動迅速，當時香港天文臺未能提早作出預警，在 9 月 18 日上午 7 時 52 分懸掛黑鼓，以表示颱風在香港 300 英里內，隨後在 8 時 40 分開炮，預報海港內即將吹烈風。但 6 分鐘後維港風力已達到暴風程度，最高風速達每小時 77 海里。由於沒有足夠時間作防備，風災造成超過 15,000 人死亡，包括當時正乘船到屯門青山一帶傳教的聖公會會督霍約瑟主教及 4 名聖保羅書院神學生，海面有 3,653 艘船隻受損或沉沒，陸上亦有一些房屋受到破壞。

的校舍。盧吉總督應允，並為籌備 125 萬元的資金付出了巨大努力。1909 年在般咸道開始校舍的建築工程，1912 年 3 月舉行開校儀式。此後不久盧吉總督被任命為尼日利亞總督。梅含理爵士被任命為新總督，7 月 4 日到港。登陸期間受到支那人的攻擊，所幸平安無事。他就任期間，大規模著手香港島及租借地內的道路拓寬工程。完成了大潭篤水塘的修築。在花園大道修建梅夫人婦女會，又募集基督教青年會會所建設資金。梅含理總督後因身體狀況不佳，申請往英屬哥倫比亞休假療養。輔政司施勳（Claud Severn）擔任署理總督，一直到 1919 年 9 月 30 日現任總督司徒拔爵士（Sir Reginald Edward Stubbs）到港就任。

第三章　氣候

　　香港位於北緯 22°9' 至 22°17'，在北回歸線以南，與臺灣鳳山的緯度相近，正處在熱帶地區內。因是島嶼，大陸性氣候稍有緩和，與廣東省城相比，寒熱均有數度差異。香港島年平均溫度是華氏 72 度，1 日最高平均溫度在 7 月份是華氏 87 度，2 月份則是華氏 62 度。當地氣候大體分為三季。3 月到 5 月是春季，6 月到 10 月是夏季，11 月到 2 月則是秋季。7 月到 10 月為炎熱夏季，一般溫度達到華氏 81 度或 83 度。晝夜溫差小，日落後海上也少有涼風拂來，即使是傍晚，暑氣也絲毫不減。5 月底到 11 月初，因西南季風帶來海上的濕氣，空氣濕潤，陰雨天氣增多，一月間雨量可達 19 吋（編者按：1 吋約等於 25.4 毫米）。尤其是強烈的季風襲來之前，雷雨驟降，2 至 3 個小時內雨量多達 3 吋。11 月到 5 月

是旱季，期間風力較強的東北風吹過全島。一般 11 月到 1 月天氣多晴朗，氣候相對舒爽，11 月、12 月、1 月每個月的雨量僅有 0.8 吋。九龍位於維多利亞城的郊外，受西南季風的影響，氣候通常不如維多利亞城悶熱。出於健康考慮，比起山丘下的市區，山區更適宜歐洲人居住。到 8、9 月間，颱風襲來，威猛無比，船隻多遭受損失。1906 年的颱風使萬餘人喪失生命，船隻也沉沒數艘。

香港的氣溫及降雨量如下表所示：

	1912 年			1913 年		
	最高（華氏度）	最低（華氏度）	降雨量（吋）	最高（華氏度）	最低（華氏度）	降雨量（吋）
一月	60.2	54.4	2.710	64.5	54.8	1.025
二月	64.4	56.4	2.435	64.6	57.3	2.390
三月	67.9	60.6	4.345	65.8	58.5	6.945
四月	74.9	65.6	3.995	75.8	67.7	2.175
五月	83.2	75.8	3.940	82.5	73.8	9.300
六月	85.4	78.6	14.160	85.6	77.6	16.035
七月	88.0	79.5	7.555	88.1	78.8	15.050
八月	86.7	78.3	15.715	86.5	77.7	10.565
九月	85.5	75.5	3.880	84.7	76.7	14.570
十月	81.5	72.1	0.015	80.3	72.2	3.550
十一月	74.7	64.9	0.285	74.0	66.0	0.740
十二月	66.2	57.2	4.900	64.9	56.5	1.385
年平均值	76.5	68.2	63.935	76.4	68.1	83.730

第四章　居民

第一節　人口

　　香港殖民地內居住著各類人種，其中尤以支那人佔多。英國人總數在支那人之後，其後是葡萄牙人、印度人、日本人、馬來人等。葡萄牙人較多是因為這裏近葡屬澳門。但東洋地區的葡萄牙人如今猶如亡國之民，優柔寡斷，不圖國家富強，日夜賭博、耽溺娛樂，國家停滯不前。相反，德國人則迅猛發展，以青島為據點，向支那北部尤其是山東省一帶以及支那中部進發，同時又以香港為中心地不斷在支那南部擴張勢力。此次的歐洲大戰也變為日本與德國的交戰，隨著青島的淪陷[10]，德國人在香港的勢力擴展也或曇花一現了。

　　香港與廣東往來密切，支那人的流動也十分頻繁，加之人口遷移，設立戶籍制度以及進行人口普查就顯得異常困難。1841 年香港的居民主要是香港島內兩三個村落裏的支那漁夫與農民，其數量僅為 4,000 人。九龍半島的尖端居住著約 800 個居民。但翌年人口數量一躍為 23,000 人。1861 年更增至 11 萬，此後仍以迅猛之

10　第一次世界大戰在歐洲爆發之際，日本為求在中國獲得更大的利益，以加入協約國向德國宣戰為名，於 1914 年 10 月 31 日與英國聯合向青島德國租界進攻，11 月 7 日完全佔領青島、膠濟鐵路等德國在山東半島的勢力範圍。英國參戰的原因乃日英同盟的協定，但日軍為攻佔青島的主力，派兵23,000 人，而英軍只派出 1,500 人。日軍佔青島後，中國政府曾要求日方交還不果，反被迫簽訂《中日民四條約》，雖然歐美列強曾對日方的無理要求提出反對，但各國均集中應付歐洲戰場無暇作出實質行動。在一戰後的巴黎和會更承認日本在膠州灣地區的權益，引發「五四」愛國運動。直至 1922 年 2 月 4 日中日雙方在華盛頓會議上簽訂《解決山東問題懸案條約》，日本才將從德國手上得到的山東權益交還中國。

勢增加。香港人口數量大致如下表所示：

1861 年	119,321	1911 年	366,145
1871 年	124,198	1915 年	426,340
1881 年	160,402	1918 年	468,100
1891 年	217,936	1919 年	501,000
1901 年	283,905 （包括租借地）		

居住者分佈

1919 年香港居民分佈如下表所示：

	英國及其他外國人	支那人
男子	8,160	292,450
女子	5,440	194,950
總數	13,600	487,400

出生率、死亡率及結婚

1919 年香港島及舊九龍（生死登記條例不適用於租借地內）的出生率（編者按：出生率＝年出生人數／年平均人數）為 2.197，即 1,000 人活產 4.3 人；死亡率（編者按：死亡率＝年死亡人數／年平均人數）為 11.647，即 1,000 人中死亡 23.2 人，結婚人數為 142 人。

第二節　戶數

兵營、警署除外，維多利亞城以及九龍街道附近（新舊九龍

及深水埗）的戶數詳情如下表所示：

合計	九龍市中心	山區	維多利亞城		地名
1,550	358	168	1,024	1913 年	非支那人家庭
1,496	386	172	938	1914 年	
14,135	5,150	/	8,985	1913 年	支那人家庭
14,075	5,189	/	8,886	1914 年	
15,685	5,508	168	10,009	1913 年	合計
15.571	5,575	172	9,824	1914 年	

第五章　統治

第一節　行政

　　香港殖民地的行政由總督依照議政局（Executive council）及定例局（Legislative council）執行。總督是英皇任命的，權力包括擁有徵詢定例局後制定法律的權力、英國當局管轄範圍以外的官吏任命權、減輕刑罰、赦免罪行等。總督還兼任香港駐軍的司令。在英皇准許範圍內，總督任期一般為 6 年。

　　議政局由駐軍司令、輔政司、律政司、庫務司、工務司、華民政務司，以及經過殖民地大臣呈交英皇任命的兩名非官守議員組成。各議員的任期全由英皇決定。倘若官守議員或非官守議員一時不在，總督可代理其職能。這種情況，總督需經由殖民地大臣向英皇請示，英皇對此擁有肯定或否決權。行政局由總督召集，總督

（或議長）以外，若有兩名議員未出席，則不可展開議會討論。總督若非疾病或其他重大事由，應該主導每次議政局會議，缺席時需要指定其他議員為議長。議政局會議不對外公開，但是會議紀錄會有一份留在殖民地，另一份送至倫敦的殖民地部。總督在議會上應該諮詢的事項列舉如下：

一、特別需要總督提出建議的場合 —— 例如，總督府的兩個局長對兩局的關係或對政策意見不同

二、對請假的官員發放非現職補貼

三、官員的罷免

四、欲向定例局提出的法案議論

五、高等法院已經宣判為死刑的刑事案件審理

六、總督可宣讀殖民地大臣發出的秘密信件中適合在議政局上公開的內容

七、遵照法律規定，總督會議制定檢疫、鴉片許可、衛生補貼等相關的規則

香港定例局由總督（議長），駐軍司令、輔政司、律政司、庫務司、工務司、警察隊長、華民政務司及 6 名非官守議員組成。非官守議員中 4 名是總督任命的，其中 2 名是擁有英國國籍的支那人。其餘 2 名非官守議員分別由香港總商會與太平紳士任命。非官守議員的任期是 6 年，任期終結時可再選。但因死亡或外出等造成人員缺失時，總督可臨時任命合適人選。總督必須將任命過程經殖民地大臣上報給英皇，等待英皇的確認。議長、議員一共 5 名參加即可召開議會。總督若非疾病或其他重大事由，應該主導每次會議。議案由多數人決定，總督或議長均與其他議員一樣擁有投票權，通過與不通過票數相同時，總督可做決定。

定例局最大的義務是制定殖民地的法律。議員不論人數多少均可提出法案。但是諸如處理殖民地收入或者徵收稅收等法案的決議,則需要通過總督的首肯才可提出。定例局也討論一年間的財政預算,不可不經過定例局從殖民地庫房支出現金。會議是對外公開的,紀錄員能夠快速做會議紀錄。香港定例局會議手續主要依照英國的相關準則。

香港殖民地統治機關一覽表:

總督	民政長官部	
	華民政務局	
	會計檢查局	
	財務局	財務局長部
		地價評定官
		印紙部
	港務局	港務部
		海員部
		船舶檢查部
	進出口監督局	進出口監督部
		鴉片販賣部
	天文臺	
	法院等	高等法院
		警察裁判所
		租借地事務官
		檢事總長
		檢事
		破產管財官

	土地局	
總督	警察監獄部	警察部
		監獄部
		消防部
	醫務局	醫院
		細菌檢查所 兼屍體解剖檢查所
		分析所
	衛生局	消毒所
		（公共浴室）（墓地）
		屠宰場與飼養場
		漁業市場
	營林局	
	學務局	
	土木局	土地及測地部
		計算通信材料部
		公眾衛生與建築部
		水道部
	郵政局	外匯科
		無線電信科
	九廣鐵路	

　　香港的文官制度被稱為 Cadet Service。殖民地的高級官員均是考試合格篩選而來。這種考試每年都在倫敦舉行，英國、印度、錫蘭、馬來聯邦、海峽殖民地的文官都可以參加。只要是英國人，不論白種人還是有色人種均可。考試合格者可按照名次順序選擇志願職業。

　　考試合格並志願做香港文官的人會被登錄於殖民地的職員錄

上，專門從事漢語的研究。通過三四年研究通過最終考試後，才能作為 Passed Cadets 被任命為多種殖民地官員。若非 Cadets 人員，原則上是不能晉升至主要職位的。

第二節　司法

1842 年《南京條約》規定英國正式領有香港。1843 年，英國發佈一項法律，委任香港總督及香港定例局對香港實行法律實權。為保證英國以及沿岸 100 英里以內英國國民的安寧秩序與行政改良，英國國王認定上述機關有權制定必要的法律條文，此後幾經改良發展至今。

當初執行民事、商事相關的諸法規的方針是支那人就按支那的法律、慣例實施[11]，其他人則以英國的條例為準。後來按當地政府的需要來發佈法律條文。依據犯罪及訴訟的性質，司法機關選擇在設立於警察裁判所或高等法院的第一審判所進行審判。警察裁判所裏有一名或一名以上的警察裁判官，警察裁判官跟隨翻譯或書記員，審問判決犯人。手續極為簡易，裁決方法也是非常常識性的。警察裁判官由總督任命。

高等法院進行民事及刑事的判決。民事分為民事第一審及民事簡易審判，前者是涉及 1,000 元以上的案件，後者是涉及 1,000

11　當時的所謂中國法律即《大清律例》。由於英國法律中有採用「習慣法」，在一些沒有成文法例的事項上會以傳統慣例作裁定，因此即使滿清覆亡後香港法律仍然承認一部分沒有成文法例的《大清律例》條文。但由於香港回歸前沒有被中華民國或中華人民共和國管治，因此有關的法律則不適用於香港，香港亦成為行使《大清律例》時間最長的地方。香港政府於 1971年訂立婚姻法後，《大清律例》在香港的法律地位才完全被成文法例取代。

元以下的案件。審判由陪審員主導。高等法院內設有海軍裁判庭、破產裁判庭等。

上訴裁判所（Appeal Court）由兩名至三名法官組成，由普通高等法院的法官主持，一年兩次由一名上海高等法院法官擔任陪審員，若是對警察裁判官的判決不服，可以對此提出上訴。

英國樞密院（Privy Council）是當地裁判所中最為高級的裁判所，設立了裁判委員會，受理來自香港及其他殖民地的上訴案件。高等法院准許案件的提起並對案件進行審理。

第三節　警察

一、沿革

1842 年英國正式管治香港時，負責巡邏的歐洲人不超過 30 人。因開埠初期溝渠、下水道等衛生設備尚未準備就緒，所以不少巡邏員在夜間當值時都感染了瘧疾，未能履行職務。社會秩序也因此動盪不安，強盜海賊頻繁出動，武裝攻擊商館，更有甚者掠奪政府財物。政府提醒支那人，夜間外出必須攜帶燈火，由此受害者才得以減少。

1884 年（編者按：原文有誤，實為 1844 年。）馬杜拉斯土人步兵隊希利上尉（Captain Haly）被任命為警察總監。同年決定正式組織警隊。7 月 3 日輔政司針對這一要務向主要商人發佈通告，希望他們出謀劃策以充實警察的力量。由此，按照愛爾蘭警察的制度，集合 78 名歐洲人，34 名印度人，48 名支那人組成了警署。警員身穿深綠色的制服。

儘管如此，犯罪仍不見減少。這是由於支那大陸作奸犯科的

人逃到香港，且長期潛伏於此所致。後來設立了偵探部，增設了多所警署，並努力加強警察訓練學校的建設，但犯罪仍不見少。公眾躁動不安，因此又設置了罪犯調查委員會與偵探總部，並增加警員的薪水，還設立了方便印度人與歐洲人學習漢語的場所。

1877 年到 1878 年犯罪數目明顯增加，人們的生命財產安全非常沒有保障。支那大陸饑荒，洪水過後香港物價暴漲，對罪犯的寬大，私刑的廢止等都是引發問題的原因。翌年（1879 年）開始著手建設水上警署，又配備了在港內執勤的汽船。

1895 年為減少經費，消防隊及監獄署歸入警察部之下，由警察總監統一管轄。同年底再次提醒支那人夜間出門務必攜帶燈火，因此夜間犯罪案件顯著減少。當時殖民地人口為 248,498 人，其中警官的總數是 627 人。1899 年 3 月新取得了租借地後，迫於擴大警察力量的需要，逐漸在租借地各處也設立員警署。但臨近的支那區域不穩定，加之秘密社團暗中活躍，香港的犯罪案件又激增。到 1900 年在大陸方面設立西貢警署及沙頭角警署，香港島方面設立堅尼地城警署，還配備了許多騎兵用短機槍及 3 門「麥克西」大炮。1907 年 12 月 31 日，歐洲人巡警增至 128 人，印度人巡警 110 人，支那人巡警 503 人，合計 1,411 人。總支出費用達到 520,170 元。此後警員數量年年增多，與開發租借地同樣的勢頭取得日新月異的發展，犯罪案件得以逐漸減少。

二、組織

香港殖民地分為 23 個警區，各區都設有警署。維多利亞城則有 3 處，即中央警署、西區警署以及東區警署。中央警署正如其名，位於維多利亞城的中心要道，與其他警署互為聯絡，統轄整

體。長官稱作警察總監,另有副警察總監、助理警察總監、總督察、總偵緝督察、督察等輔助職位。警員包括機關手、舵手及伙夫(水警所屬)在內,有歐洲人 159 名,印度人 477 人,支那人 592 人,合計 1,228 人。

三、刑事警察

為設立刑事警察,維多利亞城特意將城市分為幾個區,並任命支那人分管各區。因為他們對支那人各方面都非常瞭解,便於進行犯罪搜索。監督者會時常對刑事問題進行詢問,以考察其是否真正掌握了實際情況。刑事警察一般都是由支那人擔任。歐洲人只是在旁監督。

四、水警

水警總部位於九龍半島一端的九龍火車站附近的山丘。佔據著景觀優良之地,與維多利亞港隔海相望,俯瞰港內。備有可懸掛旗子及燈火的信號塔。暴風襲來等非常緊急的情況下就可使用。

五、警察學校

警察學校內專門設置針對警員以及監獄署獄卒的必要課程。主要科目有漢語、英語。詳情如下表所示:

	1918 年	1919 年
歐洲人巡警	/	9
印度人巡警	4	3
獄卒	12	9
合計	16	20

職員通常由一名英國教員和三名印度教員組成。

六、犯罪數據

1919 年間警署報告的犯罪案件有 10,542 件，比 1918 年的 8,449 件有所增多。最近 5 年間的平均件數為 9,856 件。這類案件如今被劃分了重罪與輕罪。與 1918 年相比，重罪為 958 件，增長率為 26.7%；輕罪為 1,135 件，增長率是 23.31%。

第四節　監獄

監獄被稱作域多利監獄，與中央警署相鄰。到 1865 年，原來的監獄愈發顯得狹窄，於是新建了 3 幢監獄宿舍。新設獄舍可收容 231 名囚犯，舊獄舍有 283 個監房，其中 35 個為女監房。監獄奉行的是獨居監房政策。服勞役的囚犯從事編織、製作掃帚、量裁衣服、製靴、飾物加工等。但是短期囚徒會被派去搬運石塊等非生產性勞動。為此還特設有一個作業廣場。銅鑼灣有一處分所，在域多利監獄無空房時收留不能從事過度勞動的囚犯。

1917 年及 1918 年中，入獄者如下表所示：

種類	1917 年	1918 年
普通法院的判決	2,701	2,717
軍事法院的判決	4	18
支那及朝鮮高等法院	1	3
留置拘禁者及被保釋者	52	56
無保證人的留置者	628	783
合計	3,386	3,577

從表中可以看出，1918 年間入獄者的人數比 1917 年增多了 191 人。其中犯盜竊罪的人有 919 名，比 1917 年的 890 人增多了 29 人。

上表中刑事犯罪除外的入獄者有 1,240 人，具體情況如下表所示。（10 人以下的省略不計）

鴉片條例下被判有罪	184	經營賣淫業	30
吸食鴉片條例下的犯罪	33	拒付蒸汽船費	19
賭博條例	80	非法侵入	63
市場條例	104	毆打	21
武器條例	14	妨害	21
車馬條例	33	樹木砍伐	24
碼頭條例	22	乞食	48
車輛條例	14	非法擁有財富	19
船上叫賣條例	22	非法所有	77
非法裝船	12	攘盜	44
無執照叫賣條例	220	其他	136

1918 年間，因不願支付罰金與無能力支付的入獄者情況如下表所示：

年份		1917 年	1918 年
不願支付罰金而入獄		1,588	1,499
無能力支付而入獄	入獄者	712	892
	罰金全部不能支付	213	196
	能支付一部分罰金	213	196
合計		2,706	2,738

少年入獄者有 69 名，其中 14 名處以體刑，其中 1 人受笞刑，其餘 13 人除鞭打外還處以 24 小時的勞役，為期 5 年。

入獄者中再犯人數的比率 1917 年是 15.7%，1919 年為 12.6%。入獄者中由租借地內警察裁判所判決的人數，1916 年是 83 名，1917 年是 73 名，到 1918 年則增多為 98 人。

下表表示了過去 10 年間 12 月 31 日囚犯總數以及日平均在監囚犯數量以及其佔港推定人口的比率。

年份	推定人口	囚犯	與人口的比率	日平均在監囚犯	與推定人口的比率
1909 年	428,858	180	0.042	560	0.130
1910 年	435,986	208	0.048	547	0.125
1911 年	464,277	241	0.052	595	0.128
1912 年	467,777	222	0.047	701	0.149
1913 年	489,114	253	0.052	702	0.144
1914 年	501,304	216	0.044	600	0.120
1915 年	516,870	213	0.041	594	0.115
1916 年	528,010	203	0.038	638	0.121
1917 年	535,100	209	0.038	600	0.112
1918 年	558,000	224	0.040	601	0.108

1914 年至 1918 年間的收入支出總額如下表所示：

年份	支出（美元）	收入	囚犯維持費總額	平均每人維持費
1914 年	108,143	70,597	37,546	62.58 元
1915 年	109,369	65,544	43,825	73.78 元

1916 年	112,615	70,019	42,596	66.77 元
1917 年	108,212	68,815	39,397	65.66 元
1918 年	108,651	70,747	37,903	63.07 元

1918 年間囚犯作業所得達到 69,202.17 元。

第五節　消防

1851 年皇后大道以北地方發生大火災，傷亡波及 30 戶支那家庭，死亡人數達到 472 人。市民也由此意識到設立消防機關的重要性，於是在 1856 年由歐洲人與支那人志願者成立了消防部。但成立當初組織尚未發展成熟，1867 年 11 月的火災，仍有 500 戶人家燒成灰燼。翌年即 1868 年，香港政府頒佈條例 [12]，由巡警與市民在一監督官的指揮下編成志願消防隊，消防事業有所改善但還沒達到預期效果。到 1895 年初於警隊內設立消防部，此後不斷發揮效用。

消防費用的四分之三來自殖民地特定部分的稅收。消防隊成員由警官中選拔的歐洲人以及常設支那人組成。其成員構成如下表所示：

12　香港政府根據該條例於 1868 年 5 月 9 日在憲報刊登一項文告，以確立消防隊的成立，刊登當日亦被視為香港消防隊成立的日子。文告的中文譯本如下：「依照法例，總督有權從警隊及其他志願人士中挑選合適者組成一支隊伍，負責本港的滅火工作，及在火警發生時，保障市民的生命財產，並為該隊伍提供消防車、消防喉、消防裝備、工具及其他必要設備。此舉不但可使該隊伍配備齊全，更有助於提高其工作效率。」戰前的消防監督大多由警察隊長（相等於現今的警務處長）兼任。

	歐洲人	支那人
監督官 Superintendent	1	/
監督代理官 Deputy Superintendent	1	/
監督輔佐官 Assistant Superintendent	2	/
技師	1	/
技師助理	1	/
書記	/	1
司機	3	2
司機助手	3	/
裝備員	/	1
鍛工	/	1
木工	/	1
風壓機製造	/	1
火夫	/	5
防火用水工事監督人	2	/
危險貨物檢查人	1	/
危險貨物檢查人助手	/	1
消防隊指導員	3	/
消防隊員	27	28
通辯	1	3

　　警察消防隊員執行消防任務時享有特殊的津貼，每月接受消防訓練。而技能優秀者更可在機械師及司機人手短缺時作為替補，學習如何使用蒸汽泵。

　　消防隊總部位於皇后大道的中區消防局，有自動蒸汽泵 1

臺，蒸汽泵 3 臺。油麻地也有 1 臺蒸汽泵，還配備有梯子，工具箱（Dispatch Box）。維多利亞城有工具箱 25 個，九龍有 12 個。火警警報器在市內的商業區域均有設置，各消防局通過電話互相聯絡，可迅速通報起火地點。分區警局裏也設有消防派出所，有蒸汽泵，消火栓等設備。

另外還有 2 艘消防船，1 艘自動救火艇，作港內火災及陸上蒸汽泵援助之用。

消防船船員如下表所示：

	歐洲人	支那人
消防隊長兼船長	2	/
機師	/	1
船長	/	2
舵手	/	2
火夫	/	3
水夫	/	4
合計	2	12

第六章　法律（附土地法）

1843 年香港殖民地的《香港殖民地憲章》規定「現英國實行的法律，除因地方狀況難以適用於殖民地以及其居民以外，在全香港均有效。」當時英國也十分留意香港的地方狀況，一些法律被規定並不適用於當地。Mortmain 法案即為此例。香港法院認為該法

案在香港殖民地實行也完全沒有問題，但當時英國上議院宣佈該法案不適用於任何殖民地。

1843 年以前，香港高等法院並沒有明確規定英國所實行的成文法律中哪些在香港適用，哪些不適用。

1845 年有一條例規定，英國的法律具備全部效力。由此可知，1843 年 4 月以後英國已經制定的成文法律以及其後制定的法律是適用於香港殖民地的。但這並不符合議會的本意。於是翌年又發佈了一個條例，條例規定：「除因地方狀況難以適用於殖民地以及其居民以外，1843 年 4 月 5 日開始實行的英國法律以及英國法院的習慣從即日起在香港範圍內生效。」但 1843 年以後，英國制定了諸多適用於香港殖民地的重要成文法律，因此香港立法部門此後幾年都未曾對法律進行修正，只不過發佈了一些與裁判相關的條例。1843 年後，英國政府制定的成文法律也逐步適用於殖民地地方。從上述情況來看，英國政府取得這種許可權是在情理之中了。

依照憲章，香港在取得地方立法權之後首次發佈的重要條例規定土地財產證書、文件及鑑定登記等相關的條例。1884 年第三號條例就規定設立土地局，在一定期間內實行證書、文書以及鑑定登記。該條例又規定：「若在不遵守本條例規定的場合，該類證書與文書里的所有意思，所有目的和該財產的買方，對於抵押權者完全有效。」

該條例對土地財產所有名義登記做出這種規定，是為了防止財產輕易轉移。

想在香港及其附屬地帶租借土地的人可從英國國王手裏獲得 999 年或者 75 年的租借期。借地契約規定，借地人可租地 75 年，而香港殖民地的大部分收入正是出自這些借地人所繳納的地稅。借

地期滿，借地人有權更新借地合同。不過期滿之後的地稅可由英國國王進行調整。

　　香港當初英國人居留者極少，幾乎大部分為支那人。但現在除英國以外，從歐洲諸國到香港來的人也不少。出於某些理由，當時對英國國民除外的住民在香港是否擁有土地財產所有權以及轉移的權利，這一問題存在疑義。為消除這種疑義，1853年政府公佈了一個條例。該條例規定英國以外的外國人依照自己的意願及目的，與英國公民一樣對殖民地內的所有土地及其他不動產享有獲取、所有、買賣、出讓等權利。最近，針對外國公司也產生這一疑義。因此這種規定對外國公司在殖民地內享有對土地的所有、出讓等權利也是極為有利的。香港殖民地內的土地財產轉移及出讓在1843年前都是依照英國法律實行的。成文法律第106章第8條和第9條明文規定不適用於香港。不過其他諸法律均在殖民地內生效，借地契約可在法律上保證借地3年以上的有效性，因此不需要用證書來借地。但相關的財產管理一般須依照英國的慣例。1881年土地財產出讓法案在香港殖民地失去法律效力，因此與土地相關的證書，其效力在香港要大過英國。

　　香港殖民地內土地所有者在沒有遺囑便死亡的情況下，租借地轉交給最親近的管財人。轉交手續須依照英國法律。但有遺囑後死亡的若是支那人，則不論是香港出生還是支那出生或者是已歸化英籍，一律按公佈條例的特別規定來處理。按照支那的法律及習慣制定的遺書在香港可當做是轉移土地財產的有效遺囑。只是該條例公佈當初，立法部門好像並不知道支那也有有關遺言的法律與習慣。但在支那，財產所有者死亡之時，其財產會轉交給長子。這種情況下的財產繼承者會以口頭或文書來表達自己對死亡意願的尊

重，且一般會聽取村裏長老們的意見。

支那人在香港擁有財產，死亡之前立下遺囑是相對有利的，因此他們也知道有必要設立兩名遺囑見證人。

若是沒有留下遺言就死亡，雖不能證明遺言事實，但死後可製作遺書並設定執行人。遺言執行人負責證實遺言。支那人將這種遺書視作非常正式的文書。依據這種遺書，土地管理人無需搜尋與遺言相關的證據，因此也沒有對這種遺書提出疑義。

英國的已婚婦女財產所有法案是明文規定不適用於香港的，但最近在香港殖民地也開始生效。1873 年高等法院條例第 8 例特別規定已婚婦女負債或損失 1,000 磅以下，只要有居住在香港殖民地以外的男性的擔保，法院不可拒絕其提起的訴訟。除這種情況以外，已婚婦女不可簽訂法律上有效的契約，也不可提出訴訟。但到 1906 年，考慮到將居住於香港的已婚婦女與英國本國婦女同等對待可能會更有利，於是修正了相關法律。所以 1882 年的已婚婦女所有財產法案的規定，實際上在香港也生效。已婚婦女也能取得並保有財產了。

為獲取最大便利，香港殖民地的各種法規都近似於英國法律。於是曾有一段時期，香港各法院對多數案件的處置多參考英國最高法院的判決。判決因此變得容易且準確，司法行政機關也由此獲利不少。但不幸的是，香港殖民地的法律在諸方面與英國法律還是存在差異，而當局者就努力使殖民地法案更加接近英國法律。

第七章　軍備

第一節　陸軍

一、正規軍

　　香港是遠東地區商業貿易的聚集地，因此在戰略上也有著極為重要的地位。這裏是支那派遣隊的根據地，修繕船塢戰艦，裝載煤炭等的設備也十分齊全。過去的香港已有這番成就，將來它成為遠東地區軍事行動的策源地也是毫無疑問的。香港擁有最新式的堅固要塞，稱它為遠東地區的直布羅陀或馬爾他都不為過。下文將詳細解說各要塞所在。

　　西水道方面，昂船洲上的三座炮臺，以及卑路乍炮臺與法拉角炮臺。這些炮臺強勁的火力是不可想像的，可對硫磺海峽進行全方位防護。鯉魚門方面由位於香港島的兩座炮臺以及大陸方面的魔鬼山炮臺掩護。若有戰艦躲過這些炮臺的轟擊，駛入了港內，還會遭到北角炮臺與紅磡炮臺的炮火轟擊。九龍尖沙咀崖上的一個炮臺則防護香港的中心地帶一帶。[13]

13　雖然此書於大正十一年（1922）出版，但上述的設施大多於二十世紀初被廢棄甚至清拆。計有現址為太白臺一帶的法拉角炮臺，於 1890 年興建、1912 年廢置；現址為堡壘街一帶的北角炮臺，1880 年落成、1905 年棄用，「炮臺山」亦因而得名。文中所指的紅磡炮臺，應指九龍東二號炮臺及九龍船塢炮臺，兩者同位處黃埔船塢一帶，同樣建於十九世紀末，並先後於 1911 及 1905 年被棄用；而尖沙咀炮臺則應指威菲路軍營內建於 1865 年的九龍西二號炮臺，但由於炮臺前臨海岸發展為九龍倉，射程受阻，因而在 1916 年棄用，但建築物存留至今，成為九龍公園歷奇樂園的一部分。由此推斷，這段內容應採自 1890 年代末至 1900 年代初的資料。

香港島上及大陸方面的要塞則主要通過鋪設緩斜面的山道以增強軍事上的交通便利與勢力。軍備全是最新式的，通常每年 11 月至翌年 3 月底舉行軍事演習。

第一次世界大戰爆發之前，駐支那的英國派遣軍駐屯在兩個地方，北部在天津，南部在香港。開戰後，香港駐屯的兵員減少，因此兩地軍隊合併，以香港為總部。少將擔任駐屯軍司令官，幕僚一般由 1 名參謀少校，1 名中尉，1 名副官大尉；下屬部門有庶務及補給部、炮兵部、工兵部、運輸部、兵器部、衛生部、經理部，總負責人是校官或與校官相當的官員，平時有約 4,000 名官兵。駐屯軍的編成配置是依據當時的政治情況而定的，戰前與戰後都有所不同，戰前軍隊的編成如下所示：

輕步兵	1 個大隊（8 個隊）
要塞炮兵	3 個中隊
要塞工兵隊	2 個中隊
印度步兵	4 個大隊（32 個中隊）
山炮兵（10 吋炮）	1 個中隊
香港新加坡獨立炮兵大隊	3 個中隊
印度補給輸送團的一部分	
其他兵器支廠，英國人軍樂隊，印度軍樂隊	
軍輸部支部	

除上述帝國軍隊以外，香港還有義勇隊（Volunteer Corps）以及預備義勇兵團（Volunteer Reserve Association）。

香港殖民地在戰前年純收入的 20% 均用在維持要塞以及義勇兵的維持費上。

二、義勇兵

1860 年英國本土燃起的義勇兵熱潮也波及數千里以外的香港殖民地。1860 年 1 月 11 日《德臣西報》[14] 上刊登了一則論文，該論文指出香港也必須組織義勇兵。之後，1862 年 3 月 1 日舉辦首腦會談組建義勇兵事宜，決議政府應該從法律上對該事宜給予支持。1862 年政府發佈了相關條例，條例第二號規定香港殖民地的居民，無論是哪國國籍都可以參加義勇兵。首先組建起來的是炮兵隊，1862 年 12 月第一軍樂隊也組建起來了。1863 年春，增設了槍隊。1864 年 12 月募集居住於廣東的外國人參加義勇兵，編入香港附屬槍隊。

其後軍隊多有調整，1893 年發佈了《義勇兵條例》（Volunteer Ordinance）。香港義勇兵與英國的義勇兵一樣，依據陸軍條例，接受香港總督的監督，同時也隸屬於英國陸軍大臣。在國家遭遇危難，香港殖民地受到外敵襲擊之時，或者不敵外來侵略時，總督可召集義勇兵履行軍務。英國與外國開戰時，總督有權根據自己的戰略安排，召集海岸防備義勇兵（Coast Defence Volunteers），執行佈雷、汽船、汽艇、短艇等的操作以及其他殖民地防備方面必要的任務。

1912 年發佈了香港義勇兵規則，修正補充了 1893 年的義勇

14　《德臣西報》（*The China Mail*），又名《支那郵報》，於 1845 年 2 月 20 日由英國資深出版商蕭德銳（Andrew Shortrede）創辦，是香港的第二份報紙，直至於 1974 年停刊，前後共發行了 129 年，成為香港發行時間最長的英文報紙。《德臣西報》的中文名稱乃來自該報的第二任主編德臣（Andrew Dixson）。而香港的第一份報章則為 *Hong Kong Gazette*，亦即後來的香港政府憲報。

兵條例。依照該規定，香港義勇兵由幹部及 1 個炮兵中隊，1 個工兵中隊，1 個機關槍小隊，1 個偵察兵中隊構成。義勇兵主要負責輔助正規軍對抗外敵的入侵，防守殖民地，與總督協調鎮壓香港的地方性暴動。義勇兵需要符合以下三個條件：一、英國人；二、18 歲以上 25 歲以下的男子；三、身體健全，擅長軍務。

1905 年召集 35 歲以上的人員組成預備義勇兵，並給予射擊獎勵，成員超過 300 人。

1918 年 1 月 1 日至 12 月 31 日，香港軍備費用詳細如下表所示：

費目	金額
將校及士兵的俸祿	97,689 鎊 18 先令 3 便士
輸送費、宿舍費、房租營所費、糧食、椅子類、薪炭燈火	30,334 鎊 15 先令 6 便士
殖民地補貼、衣服	112,431 鎊 9 先令 1 便士
炮類格納庫、其他普通倉庫	10,230 鎊 3 先令 9 便士
軍器費	370 鎊 5 先令 5 便士
技師的俸祿、堡壘費、屯營建設費	15,944 鎊 13 先令 1 便士
其他雜費	29,977 鎊 8 先令 8 便士
合計	292,978 鎊 13 先令 9 便士

第二節　海軍

香港數年間就已經成為英國遠東艦隊的根據地，但日俄戰爭之後，日本取代英國在東亞地區的地位，為保東亞地區和平，削減了英國兵力，1905 年撤回了所有的戰鬥艦。但軍備的減少使得遠東的英國人甚感不安。因此早晚仍會再派遣遠東艦隊。

下表列出戰前英國遠東艦隊的編成情況，以供參考：

司令長官	海軍中將	
戰鬥艦	H.M.S. Triumph	11,985 噸
巡洋艦旗艦	H.M.S. Minotaur	14,600 噸
巡洋艦	H.M.S. Hampshire	10,850 噸
其他巡洋艦 2 艘		10,095 噸
通報艦 1 艘		1,700 噸
炮艦 3 艘		2,130 噸
單桅帆船艦 2 艘		2,140 噸
長江警備河用炮艦 7 艘		1,561 噸
西江警備河用炮艦 3 艘		350 噸
驅逐艇 8 艘		4,360 噸
水雷艇 4 艘		
潛艇母艦 1 艘		980 噸
潛艇 3 艘		
測量艦		
接收船 H.M.S.Tamar（泊於港內）		

海軍工廠位於九龍角對岸東部區域。工廠長一般住在「添馬號」上，監督港內各海軍建築物，司令官不在時，可代理執行諸艦事務。

海軍工廠內的港池中央附近水深 33 呎至 35 呎，岸邊也不淺於 30 呎。防波堤全長 2,900 呎。港池內側及兩側有起重機、工廠、發電所、排水工廠、兵營、倉庫、船塢、船圍場的船架等設施。九龍方面則有水雷艇格納庫及海軍庫，海軍庫裏煤炭庫存十分多。

下面簡單敍述一下海軍船塢的情況。起初，英國佔有香港殖民地後不久，即 1842 年就組成了土地委員會，決定了海軍所使用場地的規模。後來不斷擴張，倉庫及工廠全部集中到東海旁，1901 年更是實行大規模擴張。香港黃埔船塢公司將其事業擴張至九龍之前，海軍船塢是九龍第一號船塢，英國艦艇優先駛入船塢，同時每年交納 2 萬磅的補助金當作使用費。英國海軍其後幾年採用的都是這種方式，到 1904 年交納補助金的期限到期，於是準備在香港建立海軍專用的船塢。建築工程自 1904 年開始，預定 1905 年竣工，但一直延期到 1907 年才完工。工程預算起初是 34 萬鎊，但經過多次海軍法案修改，費用增至 127.5 萬鎊。規模如下表所示：

長度	盤木工	552.167 呎
	全長	568.167 呎
塢寬		98.126 呎
通常大高潮水深	塢口底部	39.123 呎
	盤木上	39.213 呎

位於香港島新建的船塢。香港灣仔區 Mount Shadwell 有宏偉且設備完善的海軍醫院 [15]。在海軍工廠的東部有酒保，水兵及兵卒

15　在 1873 年以前，駐港皇家海軍的軍醫院設於由軍艦改裝的醫療船上，HMS Minden、HMS Alligator 及 HMS Melville 亦先後成為駐港皇家海軍的醫療船。HMS Melville 由印度孟買船塢建造，1817 年 2 月 17 日下水，曾經參與第一次鴉片戰爭中對虎門及廣州的進攻。駐港皇家海軍於 1857 年將之改建為醫療船，直至 1873 年以港幣 35,000 元出售，並將資金購買位處於皇后大道東與灣仔道交界的海員醫院，成為皇家海軍醫院，而醫院所坐落的小山丘則以 1871-1874 年期間擔任英國皇家海軍駐支那基地總司令 Charles

俱樂部，海員俱樂部等。

第八章　衛生

第一節　概說

英國佔領香港之初，香港瘴癘盛行，惡性瘧疾頻發。1843年，僅 5 月至 10 月期間，就有 24% 的軍人及 10% 的旅港歐洲人因病暴斃。1850 年，第 59 聯隊所屬的 568 員士兵中有 136 人死亡。痢疾也屢屢發生，肆虐橫行。1854 年尤為嚴重。

1861 年旅港歐洲人的死亡率達到 6.48%。其後政府當局為改善衛生狀況，在當地開始建設醫院，香港的衛生品質有所提升。1871 年歐洲人的死亡率下降為 3.3%。1883 年成立了衛生委員會，發佈了改良衛生狀況的諸多條例。

維多利亞城近海濱，位於陡坡面，突起高度達 1,860 尺的山崗之上，因此碼頭附近很少有土地可以當做住宅用地。開埠初期人

Frederick Alexander Shadwell 副海軍上將（1814-1886）而命名為 Mount Shadwell。醫院對面與皇后大道一街之隔的小山丘亦同被皇家海軍購入，並以 1873 至 1876 年期間擔任駐港皇家海軍指揮官 John Edward Parish 上校（1822-1894）命名為 Mount Parish，並於 1931 年建立傳染病醫院。在 1930 年代末，香港政府在市區興建防空洞以防範日軍來襲，Mount Shadwell 與 Mount Parish 亦為其中之一。1949 年 1 月 12 日皇家海軍醫院遷往奇力山的戰爭紀念醫院院舍，原址改為律敦治療養院，而傳染病醫院亦拆除改建為香港華仁書院，Mount Shadwell 及 Mount Parish 這兩個地名亦逐漸在新版本的地圖上消失，但現時仍能在該處找到皇家海軍界石、繫船石墩及防空洞入口等歷史文物。

口稀少，住宅地充裕，但隨著香港的迅速發展，人口劇增，住宅日漸緊張，原來是一層或二層的樓房如今變成三層或四層，且無暇顧及市內通風及採光等條件。支那人居住區域內居民區極為密集，生活環境極為惡劣。這加速了傳染病的發生及蔓延。

每年冬季必發凍瘡，又頻發多種傳染病，其中鼠疫是最為恐怖的。瘧疾在 1894 年首發，當時是從廣東傳入香港，其擴散速度極快，同年已經導致 2,552 人死亡。當地的貿易界也因此遭受了巨大打擊，撤離香港的支那人曾一度達到 10 萬餘人。政府也意識到了防止傳染病的必要性，實施了諸多衛生政策，努力改善衛生狀況。如回收太平山的部分密集地，搗毀不合規範的地下室或者將其修整以適合居住，禁止居住於聯排房屋，在各家房屋之間鋪設一些小路。傳染病遂逐年減少。不過要想讓瘧疾在香港從此絕滅，也是不切實際的。這是因為與香港鄰近的廣州、汕頭、廈門等地的衛生狀況極差，病毒極容易由這些地方帶入。

第二節　保健行政

在香港島及九龍半島上，衛生委員會（Sanitary Board）的管轄區域，東起將軍澳村，西至狗爬徑村的九龍群山與海濱環繞的一片區域，該區域總面積達 16 平方英里。其中包括 1861 年以來由英國佔領的面積達 2.75 平方英里的舊九龍及 1898 年的部分租借地。租借地的其他部分，即 266 平方英里的地域不在衛生委員會管轄中。

維多利亞城有 10 個衛生區（Health Districts），舊九龍又分有 3 個衛生區，各區均配置一名衛生監視官（Inspector），管理衛生事務。最近維多利亞城認為有必要將 10 個衛生區中的其中 4

個，再各分為 2 個區，因此就有了 14 個衛生區。在管理衛生事務方面，有 4 名監視官負責維持垃圾車、小艇衛生的打掃等事務。

周邊衛生區的衛生事業由該區執勤的警員管理，但附屬於第一衛生區的筲箕灣除外。

香港的衛生監視官接受衛生醫官（Medical Officer of Health）的監督，九龍的則接受衛生醫官助理（Assistant Medical Officer of Health）的監督。衛生署與醫務署是中央衛生機關。衛生署掌管傳染病的預防撲滅、自來水、下水道、墓地、屠房、市場等相關事務，醫務署則負責醫生、藥劑師、接生婦、醫院、檢疫、種痘等一切事務。

第三節　衛生機關

衛生委員會是 1883 年創立的，1887 年的條例初步確定了該組織的籌建，之後又根據 1903 年及 1908 年《公共衛生及建築物條例》（*Public Health and Building Ordinance*）對組織加以調整，最終逐漸成形。該委員會的主要成員主要有衛生署長，另外包括衛生醫官、工務司、華民政務司的官守委員及其他 6 名委員。該 6 名委員中有 4 名（2 名是支那人）由總督任命，其餘 2 名由市稅負擔者任命。衛生委員會在立法會議的承認下規定衛生補則。委員會裏設置一個幹部。該幹部負責處理垃圾等不潔物，管理宿舍、洗衣房、工廠、職場以及殖民地衛生狀況相關的一切事務。

政府公立醫院（Government Civil Hospital）[16] 位於城市西部，

16　政府公立醫院，俗稱「國家醫院」，於 1874 年由香港政府創立，為香港第一所非軍用醫院，位於西營盤皇后大道西與醫院道之間的山坡上，醫院

配備有 150 個床位，19 棟病舍。

1918 年外來患者人數達 14,880 人，住院人數達 3,677 人。其中 1,177 人是 1917 年入院的，日平均住院人數達 132 人。住院患者中歐洲人有 431 人，印度人 733 人，亞洲人 2,513 人。若按性別來看，男性 2,992 人，女性 685 人。死亡率如下表所示：

男性	176	5.8%
女性	68	9.9%
歐洲人	13	3.01%
印度人	24	3.2%
亞洲人	207	8.2%

產科醫院（Maternity Hospital），隸屬於政府公立醫院。1897 年成立，可收容各國病人。歐美人用的床位有 12 個，亞洲人用的則有 4 個。1918 年住院患者有 470 人，亞裔患者有 425 人，歐美人患者 45 人。其中 7 人是從 1917 年連續住院的。分娩兒有 194 名是男孩，175 名是女孩。有 4 起雙胞胎，死產也有 27 起。

堅尼地城傳染病醫院（Infections Diseases Hospital, Kennedy Town）原址是警署。1894 年瘟疫初發之際，其被改建為最好的醫院，之後開始陸續收容傳染病患者，歸政府管理。可收容各國患者，配備了病舍 6 棟，床位 28 個。1918 年間住院患者人數為 31 人，其中死亡人數為 12 人。

道亦因此得名。戰後醫院被拆卸重建為西營盤賽馬會分科診療所及贊育醫院新址，所以現時仍然有老一輩的香港人稱呼西營盤賽馬會分科診療所為國家醫院。

維多利亞婦幼醫院（Victoria Hospital for Women and Children）位於海拔 1,000 呎的山上，可收容各國患者。該醫院是香港市民為紀念維多利亞女皇即位 50 周年而設立的，後委託政府管理，有床位 41 個。1918 年住院患者人數是 175 名，超過 1917 年的 147 名，其中死亡人數為 3 人。

精神病院（Lunatic Asylum）是政府經營的，歐洲人用床位 8 個，支那人用床位 16 個。1918 年住院患者人數是 217 人，其中 113 人是從警署移交過來的。死亡人數是 7 人，佔總患者人數的 3.2%。

東華醫院（Tung Wah Hospital）是香港殖民地規模最大且最為重要的慈善機關。醫院是由支那人出資成立的，所以是支那人專用的。該醫院不僅具備一般歐美人所指的醫院的各項職能，也跟支那其他慈善機關一樣，履行各種義務，因此在華人社會裏勢力極大。例如有關政府與支那人之間的問題，都需要通過該醫院經營委員會的討論。東華醫院成立於 1870 年，此後屢次擴建，1909 年建成了最好的病舍，如今擁有 326 個床位。醫院每年從香港的各團體中選出 15 名支那人，組成委員會經營該醫院。經費主要來自支那人的募捐款以及政府的 8,000 元補助金。醫生都是學過歐洲西醫及中醫的支那人，患者可自己選擇西醫或是中醫療法。1918 年住院患者總數是 6,562 名，其中接受西醫治療的有 3,558 名，選擇中醫治療的有 3,004 名，即中醫治療的比率是 45.8%，西醫治療比率則為 54.2%。1913 年至 1917 年的比率分佈如下表所示：

	西醫治療	中醫治療
1913 年	34.63	65.37
1914 年	38.58	61.42
1915 年	52.3	47.7
1916 年	50.7	49.3
1917 年	55.1	44.9

　　1918 年死亡患者中接受中醫治療的人有 1,313 人，接受西醫治療的則為 810 人。因此兩者的比率分別為 43.7% 及 22.7%。但上述數字中，接受中醫治療瀕臨死亡的患者有 362 人，接受西醫治療瀕臨死亡的患者則有 241 人，因此將資料整理如下表所示：

	西醫治療	中醫治療
患者總數	3,317	2,642
死亡	569	951
死亡率	17.1%	35.7%

　　東華痘局（Tung Wah Small-pox Branch Hospital）於 1910 年設立，只收容支那人患者，擁有 58 個床位。1918 年的住院患者總計 5 名，其中 2 名死亡。

　　廣華醫院（Kwong Wa Hospital, Yaumati），位於九龍油麻地，僅收容支那人患者。醫院由 10 餘名支那人委員管理，委員長是華民政務司，經費主要來自募捐款以及政府的補助金，實施西醫治療與中醫治療，有 70 個床位。1918 年住院患者為 2,696 人，其中自 1917 年開始住院的患者人數為 128 名。1918 年死亡人數總計 777 名。

　　雅麗氏紀念醫院（Alice Memorial and Affiliated Hospitals）是

為紀念當地顯要人士何啟的已故夫人雅麗氏而建立的。該醫院由倫敦傳道會管理，由以下四家醫院構成（下表中資料全依據 1918 年的報告）：

名稱	自 1917 年開始住院的患者	住院患者	死亡者
雅麗氏紀念醫院	7	71	1
何妙齡醫院	35	403	23
那打素醫院	29	495	50
雅麗氏紀念產科醫院	10	543	8

其他醫院有華人公立醫局、分區疫症醫院、山頂醫院、明德醫院等。

香港細菌學院（Bacteriological Insitute）裏有一名英國人醫生，與支那醫生一道製造痘苗，檢查排泄物、分泌物等。又負責九龍大潭（Tytam）及薄扶林（Pokfulum）水塘的四季檢查。檢查時運用的是理化學檢查法與細菌學檢查法。

1918 年用 12 頭牛犢（1917 年是 32 頭）做痘苗製作的實驗，生產的痘苗數為 9,726 個，超過 1917 年的 6,097 個。價格 1917 年賣 8,020 元，1918 年則賣到 2,668 元。1917 年檢查排泄物及分泌物 87,908 件，1918 年 87,163 件，其中 85,402 件是檢查老鼠，為保證細菌完好的例行檢查數是 186 件。

維多利亞屍體解剖所（Public Mortuary, Uictory）位於堅尼地城。英國剖檢官指揮苦力運送屍體，並對屍體進行解剖。也檢查老鼠。最近 2 年間屍體解剖數如下表所示：

	1917 年	1918 年
男子	1,554	2,080
女子	1,640	2,016
合計	3,194	4,096

九龍屍體解剖所的組織功能與維多利亞屍體解剖所相同。1918 年解剖總數是 1,696 件，1916 是 1,278 件，1917 年則是 1,503 件。

此外，還有消毒所以及分析所等衛生機關。

第四節　衛生狀況

出生

1919 年的出生人口登記資料為 2,194 人，超過 1917 年的 1,000 人。1917 年的出生比率為每千人口計 5.3 人，1918 則為 4.1 人，1919 年為 4.3 人。

	支那人	非支那人	合計
男性	1,298	164	1,462
女性	602	130	732
合計	1,900	294	2,194

1918 年的出生兒中 1,520 人是男孩，801 人是女孩，合計 2,321 人。

1917 年非支那人的出生率為每千人口計 20.08 人，1918 年為 22.07 人，1919 年則為 20.6 人。支那人的出生率 1918 年為每

千人口計 3.6 人，1919 年為 3.9 人。當然是這些資料也不一定絕對
準確。這是因為，第一，在支那人習慣裏，若嬰兒出生一周後夭折
是不用進行生產登記的，且當地居民經常往返支那內地，有些在殖
民地出生的孩子也沒有在當地登記。另外再加之嬰兒出生後一個月
以內，每年都有一些被遺棄或者夭折，在 1919 年已經達到 1,192
人。由此推測一下在香港殖民地出生且沒有出生登記的嬰兒數量，
總數達到 3,386 人，普通出生率為每千人口計 6.7 人，支那人的出
生率則為每千人口計 6.3 人。

死亡

1919 年死亡人口登記總數是 11,647 人，1917 年為 10,433
人，1918 年為 13,714 人。死亡率是每千人口計 23.2 人，低於
1917 年的 33.4 人以及 1918 的 24.4 人。

支那人的死亡人數是 11,348，死亡率是每千人口計 23.3 人，
低於 1917 年的 23.7 人以及 1918 年的 24.5 人。

非支那人的死亡人數是 299 人，死亡率是每千人口計 21.9
人，高於 1917 年的 14 人以及 1918 年的 19.5 人。

若按照年齡層來看死亡數，可以發現出生後一年內死去的
嬰兒人數是 3,474 人，佔死亡總數的 29.8%。1918 年的比率為
30.7%。

滿 1 歲到 5 歲的兒童死亡人數是 1,807 人，1918 年是 2,023 人。

支那兒童的死亡人數是 3,449 人，少於 1918 年的 4,219 人。
同年的出生人口登記數也僅有 1,900 人，但加上被修道院收留的病
兒以及遺棄兒的死亡總數，1919 年當地支那人的出生人口總數為
3,092 人。

疾病

一、呼吸道疾病—— 1919 年因該種病死亡的人數總計為 3,049 人，多於 1918 的 2,981 人。其中非支那人佔 74 人，出生後未滿 1 歲的佔 1,018 人。

二、結核病——得該病死亡的人數總計為 1,637 人，其中非支那人為 40 人。

三、神經病——除全年中強痙攣以及腦脊髓膜炎以外，得神經病死亡的人數總計為 516 人，超過 1918 年的 377 人。因強痙攣死亡的支那兒童人數為 270 人，得腦脊髓膜炎死亡的支那兒童人數為 11 人。

四、瘧疾——同年得該病死亡的人數總計為 19 人，其中支那人僅 6 名。1918 年得瘧疾死亡的有 398 人，1917 也多達 416 人。因為殖民地的人口流動頻繁，因此患病人數的準確數字也難以整理。但有一點是可以確定的，即大多數得這種病的人都是在殖民地以外感染的。

五、腳氣——同年因腳氣病死亡的人數總計是 555 人，1918 年的死亡人數是 804 人。除 4 名是日本人以外，其餘都是支那人。

六、鼠疫——同年因患鼠疫死亡的人數總計是 464 人，超過 1918 年的 266 人以及 1917 年的 38 人、1916 年的 39 人。其中患鼠疫的 463 人是支那人，死亡人數為 426 人。

1919 年的檢查結果如下表所示：

	維多利亞城	九龍	合計
檢查鼠數	76,793	27,311	104,104
有菌鼠數	242	10	252
所佔比率	0.31%	0.037%	0.24%

七、腦脊髓膜炎——該病患者人數為 269 人，少於 1918 年的 1,232 人。其中 1 人是歐洲人，1 人是非支那人，其他全部為支那人。死亡人數為 204 人，也少於 1918 年的 968 人。

八、腸道傷寒—— 1919 年該病患者人數為 133 名，少於 1917 年的 188 人以及 1918 年的 247 人。其中有歐洲人 20 人，除 12 名非支那人以外，其餘都是支那人。

腸窒扶斯菌一般不寄居在水與牛奶中，能誘發這種病菌的是生菜沙拉、貝類以及帶有細菌的蠅類。

九、副傷寒—— 1919 年該病患者人數有 3 人，其中 1 人是支那人，其他為歐洲人。

十、猩紅熱——該病患者人數有 7 人，其中 2 人是歐洲人，其餘為支那人。

十一、霍亂—— 1919 年該病患者人數為 46 人，其中 1 人是歐洲人，41 人是支那人，其他為非支那人。死亡人數為 42 人。有 339 人因霍亂性胃腸病發作而死亡。

十二、痘瘡——該病患者人數為 27 名。其中支那人有 19 人，其他國家的 8 人。1916 年痘瘡患者人數為 712 人，1917 年也多達 595 人，1918 年則減少至 32 人。

十三、白喉——該病患者人數為 50 人，其中 10 人為歐洲人，30 人為支那人。1918 年該病患者人數為 118 人。

十四、產褥熱——該病患者人數為 12 人，其中 1 人為葡萄牙人，其餘為支那人。

第九章　教育

第一節　概說

市區與鄉郊

　　根據教育行政的觀點，殖民地內的教育可自然劃分為市區與鄉郊。市區是指維港南岸佔地 5 英里，人口稠密的維多利亞城以及北岸面積狹小，人口密度極大的油麻地與紅磡，另外還有山頂以及臨近維多利亞城英國人所居住的丘陵地區。

　　市區的居民大多是外來人口而非原居民，即主要為英國人，支那人在留者也大多是出於商業目的暫時滯留於此的。城區雖面積狹小，但在教育行政上卻有著重要的地位。因為這裏人口超過 28 萬人，出入船舶也達到 3,800 萬噸，已然成為了支那南方的商業中心。

　　鄉郊是指殖民地除市區以外的全部區域。住民擁擠在兩三處狹小的平地之上。這裏地形多峽谷，島嶼林立，居住於海岸的也是民智未開的勤勞漁夫與農民。

　　據 1911 年的人口統計，居住於殖民地的人口人種類別，市區與鄉郊的人口分佈狀態以及學童在成人中所佔的比率等資料如下表所示：

		市區	鄉郊	合計	5 歲以上未滿 15 歲的學童在成人中所佔的比率
非支那人	歐洲人	5,185	/	5,185	13%
	葡萄牙人	2,558	/	2,558	24%
	印度人及其他	3,482	/	3,482	10%
支那人	陸上居民	273,364	110,352	383,716	市區為 12%，鄉郊為 20%
	海上居民	/	55,157	55,157	21%
合計		450,098			

上述資料不包含陸海軍以及商船乘務員。

第二節　教育制度的沿革

第一期（1841-1859 年）——香港在被割讓當初，已經擁有了一些教育設施。即在砵甸乍爵士施政時期，英國聖公會，羅馬天主教會以及獨立教會已經著手開辦教育事業。[17] 馬禮遜學校就是由理雅各牧師創立的。[18] 該學校前幾年關閉了，圖書館則捐贈給了維多

17　香港開埠後，基督教各個宗派便立即來港展開傳教工作，除了在本地建立聚會場所牧養信徒，更展開教育事業，興辦多所學校，而教學工作多由辦學教會的神職人員兼任。建立這些學校的目的，除了向歐籍信徒的子女提供基本教育外，更重要是向華人傳講福音。部分學校甚至專門培訓華籍傳道人及向歐籍傳教士教導華語漢文，以便在香港的華人圈子及中國內地傳教。從馬六甲遷港後的英華書院及早期的聖保羅書院等都是以此為目的。

18　馬禮遜紀念學校又名馬公書院，由馬禮遜教育協會創立。雖然並非由教會直接辦理，但由於協會的基督教背景，所以亦會將紀念學校視為教會學校。馬禮遜牧師於 1807 年被英國倫敦傳道會派往中國傳教，9 月 7 日到達

利亞城政府。圖書館如今已成為市民們汲取知識的主要來源，備受市民尊重。

幾乎與馬禮遜學校同期，史丹頓牧師（Rev. Dr. J. Legge）也創立了聖保羅書院，作為培養支那人牧師的機關。該書院之後歷經改革，如今是男子學校。

當時政府每月給小規模學校發放 5 元的補助金，並設立教育委員會加以管理。

1855 年聖安德烈英童學校也創辦起來了。這是一所專為歐洲人在留民子弟設立的公立學校。該校創辦 7 年後，充分發揮其教育職能。在校學生分屬 10 個國籍，在現在的英國人學校中也是獨具特色的。

當時聖安德烈英童學校一共有學生 13 人。官立學校學生 400

廣州，乃第一位來中國內地的新教傳教士。但由於清廷禁止外國人傳教，馬牧師唯有在東印度公司充當翻譯員，並開始翻譯聖經、出版《華英字典》及在馬六甲創辦英華書院等工作，以便利日後的傳教工作。1834 年 7 月，英國政府委派律勞卑為英國駐華商務總監，並聘馬牧師為翻譯官，二人一同前往廣州。數日後即 8 月 1 日，馬牧師在廣州病逝，遺體下葬澳門基督教墓場。翌年一群在廣州經商的英人為紀念馬牧師，成立馬禮遜教育協會，主要會員有駐華商務總監羅便臣爵士（Sir George Best Robinson）、怡和洋行的威廉·渣甸（William Jardine）、同孚洋行的奧利芬特（David W.C. Olyphant）、寶順洋行的顛地（Lancelot Dent）、馬禮遜之長子馬儒翰（John Robert Morrison）及美國首位來華傳教士裨治文牧師（Rev. Elijah Coleman Bridgman）。同年，協會在澳門開辦馬禮遜紀念學校。學校最初附設在郭士立牧師夫人溫施蒂創立之女校內，直至女校於 1839 年停辦後由美國傳教士布朗接辦，後於 1842 年 11 月 1 日遷至香港。

至於本報告書所指馬禮遜紀念學校由理雅各牧師創立，可能是指英華書院。由於英華書院乃馬禮遜牧師創立，所以有所混淆。英華書院創校後一直由倫敦傳道會管理，而當時在港負責遷校及傳道的倫敦傳道會牧師就是理雅各。

人，另 4 所傳道學校、2 所新教學校以及 2 所天主教學校共有學生 100 餘人。此時官立學校已經開始初步教授英語。

第二期（1860-1877 年）——這個時期，與教育相關的輿論逐漸發生變化。理雅各反對教育歷來奉行的國教主義。在政府掌握著整個教育界的教育政策情況下，1859 年理雅各盡力改革教育制度並取得了成功。

根據理雅各的教育改革，教育司署擺脫了維多利亞會督的羈絆，由總督任命對其直接負責的視學官管轄。拔萃男書室也於 1870 年得以設立。

天主教的高主教（Bishop Raimondi）是極富熱情的教育家。天主教附屬學校在其管理之下，1871 年分為 13 所學校，學生數達 600 餘人。但同年新教的傳道學校學生僅有 100 餘名。1871 年之前政府是不發放補助金給傳道學校的，學校會徵收學費，因此這類學校一般都是由本國的有志之士所經營的。

自 1872 年起，政府開始給基督教附屬學校發放補助金，因此這一年是極具標誌性意義的一年。[19] 當年發佈了補助金條例，條例規定學生每天接受宗教教育不得超過 4 個小時才能獲得補助金。該條例發佈以後，新教學校從 1872 年的 4 所增加到 1876 年的 11 所。只有天主教附屬學校未受補助金而自行發展，到 1875 年還設

19　當年香港政府對私立學校的補助條例時有改變，亦曾以學生的考試成績或視學官報告而釐定補助金的發放額，質素較差者甚至會被逐出補助計劃而改為津貼。由於教會學校的教學工作多由外籍傳教士擔任，英語水平較佳，部分學生更可銜接皇仁書院甚至香港大學接受較高水平的教育，因而能夠達到補助的要求。在 1939 年，得到政府補助的學校組成「香港補助學校議會」，目前議會仍有 22 所學校作為成員，全數為教會學校。由於該等學校的辦學歷史較悠久而且教學質素亦較高，因而被坊間稱為傳統名校。

立聖約瑟書院。

第三期（1878-1900 年）—— 1878 年發佈了改訂補助金條例。學校有義務使該條例上規定的科目每天的授課時間不少於 4 個小時，但其他相關教育事項，比如宗教教育的教授法以及教授時間等則沒做硬性規定，學校可靈活開展教育活動。如此一來，官立學校、新教學校以及天主教學校便可提攜發展。1879 年歐德理（Dr. E. J. Eitel）被任命為教育司。他極力反對當時盛行一時的放任主義與公營辦學，因此，到 1893 年有 11 所官立學校被關閉。但是歐德理與皇仁書院長胡禮博士（Dr. G.H. Bateson Wright）意見相左，結果皇仁書院從學事監督官的管轄下獨立出去。這樣，殖民地的教育數年間仍缺乏一個統一的局面。

1894 年補助金條例得以修改，規定對校舍建設也發放補助金。

第四期（1901-1910 年）—— 1901 年華民政務司蒲魯賢（Mr. A. W. Brewin）、何啟以及伊榮（Edward Alexander Irving）成立了教育委員會。該委員會就殖民地不盡如人意的教育狀況做了長篇報告，提倡學校教授英語應該採用口授法，地理歷史方面的教學則應以近世式觀念為根據，有必要讓支那學生充分研究漢語。

1907 年（彌敦爵士施政年代）職業學校（Teachnical Institute）得以設立。1909 年胡禮博士退休，教育司署也成為首長（Director of Education）的管轄之所。

在香港設立大學的議案在當時已不算新鮮了。鑑於過去幾年英語教育取得的顯著成就，建立大學的實際行動也逐漸開展。盧吉爵士施政時期，麼地（Sir Hormusjee Mody）向政府捐贈了圖書館。之後不僅是殖民地本地，就連海峽殖民地的支那人也都

熱烈支持設立大學，捐贈了大量資金。這樣，香港大學於 1919 年舉行了開校儀式。此後，1913 制定了《教育令》（*Education Ordinance*），強制監督其他諸校。

過去 20 年間，英帝國主義的熱情蔓延到香港，普及教育的運動在香港也開展得如火如荼。但官立學校比補助學校更受重視，官立學校及補助學校的下級教育的力度也不及上級教育。1901 年，從事中學教育的重要學校僅有皇仁書院與庇理羅士女子學校（Belilios Public School for Girls）。現有針對支那學生的英語中學 6 所，針對英國學生的則有 3 所。另外，從事中等教育的重要私立學校也有 4 所。1901 年教育資金總額為 60,663 元。1913 年則達到 269,164 元，其中投給初等漢語學校的資金不超過 15,000 元。

1901 年至 1913 年間，教授英語的官立學校以及補助學校的學生增長率為 60%，與此相對，漢語學校的學生增長率僅為 10%。同期官立學校的英語教師也由原來的 27 人增至 89 人。

第三節　教育政策

英國人子弟學校

1901 年教育委員會曾說，英國兒童在最易受感化的年紀，絕不能與信仰、道德標準皆不相同的其他各國兒童一起接受教育。英國人子弟學校正是基於這種原因而設立的。政府從英國人子弟的家屬徵收學費以作學校的經營費用，也採取了一些減輕一般住民負擔的方針。

印度人學校

社會逐漸意識到有必要對印度人也實施全面教育。印度人官員已經設立了一所印度人子弟專門學校，最近在九龍也有了同類性質的學校。這些學校主要是培養進入分區學校（District Schools）以及皇仁書院的學生。關於建立印度人高等學校這一問題，目前還處於商討階段。

葡萄牙人的要求

出生於殖民地的葡萄牙人，一半生活在香港殖民地，一半生活在澳門，由此還未對教育提出要求。葡萄牙的教育是由天主教傳道會負責的。在不久的將來，葡萄牙人也可能得以就任高級書記等官職。

海上居民

海上居民並不希望接受教育，因此針對他們，政府要麼採取強制性的教育制度，要麼是持觀望態度。前者在實施上存在諸多困難，因此政府採取觀望態度。

鄉區居民

截至 1913 年，基督教傳道會創建了 12 所學校，並希望設立鄉區居民的教育設施。新界僅有 3 所教授英語的小規模官立學校，居民都是原居民。他們非常渴望能接受教育，因此政府在考量應該如何滿足他們的要求。新界的教育在此之前沒有得到重視也並非毫無緣由。資金不足，加上過去 20 年間全港全身投入確立完善的中等學校制度，使得新界的教育狀況有所滯後。如今困難已慢慢解決，當局者也開始在新界實施較好的教育政策，比如通過發放小額

補助金來鼓勵私立學校。

城區居民

居於市區的支那人教育是最應該重視的問題。除少部分貧窮居民以外，大部分人都是依靠極其簡單的關係在這片土地上生存，因此有必要對他們採取自由教育或強制教育手段，而且也應該繼續重視他們子女的教育問題。

英語教育的必要性

漢語極難學，因此英語被當做通用語，政府鼓勵市民多用英語。當局還設立了支那人專門的英語學校，說是為了提高殖民地的文化水平，其實是出於商業上的需要。這類英語學校每月向學生徵收 5-10 元的學費。但如此高額的學費，對熱心接受教育的人來說難以承擔，更無力再支付其他費用，因此設立這類學校的經費負擔最後都是落到普通納稅人身上了。納稅者大部分為支那人，即使是家裏沒有孩子上學，也要承擔一部分學費。

漢語教育的必要性

香港教育制度規定，不具備相當高的漢語水準的支那人不能從事教育工作。長期以來，這種認識在英國人與支那人的有志者之間輿論不斷。在一些偏僻地區的支那老師，他們的漢語水準並不高，連閱讀說明書的能力都缺乏。對此香港實施了以下方針：對市區富裕家庭的子女實行英語教育，對較為貧窮家庭的子女則進行漢語教育。不管是多貧窮的家庭的子女，均可以通過進入英語學校學習英語，最終甚至可以進入香港大學。

第四節　教育司署

教育司署的首長稱作教育司，下屬有 1 名英語學校視學官，1 名漢語學校視學官及 2 名候補支那視學官員。這 2 名候補視學官員，1 名管轄香港地區，另 1 名管轄租借地。2 名視學官均是英國人，從官立學校的校長裏選任。

教育司的職能分為以下三種：一、管轄官立學校及職業學校，負責上述學校與總督之間的聯絡；二、依照教育條例監督官立學校以外的其他諸校；三、給已登記在補助金名冊上的非官立學校發送補助金。

第五節　教育條例

最近學校的國家監督主義極為盛行。英國制定法律時，矛頭就直指香港。宣揚國家監督主義的人士認為公民在當局的許可範圍內，享有受到保護的權利。這也是他們的理論依據。他們認為，「既然礦場與工廠都不能放任其無監督，學校也理應同樣不能予以放任。國家監督公民在購買各種商品時不受欺騙，教育也是一種商品，國家對此也應該予以監督」，監督也包括用於教育的經費。若不瞭解私立教育機關的情況，也不能實施經濟調劑。為全面掌握這些情況，有必要實施國家監督主義。香港的學校，又常是從事革命宣傳的根據地，因此實施國家監督主義更是迫在眉睫。於是政府通過了有關學校登記以及監督的諸條例，自 1913 年開始實施。

該條例規定學校是由 10 餘人組成 1 級或數級持續性地從事教學的場所。教育司有權對學校進行登記，或將已登記的學校註銷以及拒絕學校登記。不進行學校登記視作違法行為，對經營者處以 500 元的罰金。

教育條例將學校分為三種。第一種學校是在本條例適用範圍以外的官立學校、陸軍學校、海軍學校、警察學校以及私立自由的高級支那人學校等。第二種學校被稱為半適用學校，衛生、紀律等事項屬於本條例的適用範圍，但課業等可自由設置。這種學校數量極少。第三種學校稱為適用學校，學校各事項全在本條例適用範圍之內。

第六節　學校

一、教育條例適用範圍外的學校

甲　官立學校

　　皇仁書院（Queen's College）是專門為支那人及印度人設立的中等教育機關。職員中有 14 名正教員，1 名準教員及 22 名教師，一共有 750 名學生。課業分為上級科與下級科。該校學生擁有參加香港大學入學考試的資格。

　　英童學校。九龍學校設立於 1902 年，維多利亞學校則創辦於 1905 年。兩校各有 65 名英國學生。兩校的職員分配相同，2 名女子正教員，3 名教師。13 歲以前男女學生共學，13 歲之後分開上課。學校分幼稚園、小學部及中學部，亦有教授法語和拉丁語。

　　除上述兩所學校外，還有山頂英童學校，目前有 2 名女教師。

　　庇理羅士女子學校，是殖民地最為重要的學校，主要是為支那女子而設立的。學校分為小學部、中學部，有著模範學校之稱。除一般課程外，還主講家政課。職員由 4 名英國正教員與多名支那人教師組成，學生總數超過 500 名。

分區學校，包括西營盤、油麻地、灣仔及嘉道理[20]等專門為支那人設立的學校。學校主講進入皇仁書院上級科必修的科目，擁有1,700名學生，平均每位英國正教員帶500名學生，教英語的支那人教師平均每人帶30名至40名學生。

嘉道理印度人學校，這所學校主要講授進入皇仁書院上級科必修的科目。有1名正教員，4名教師，負責印度人子女的教育，學生人數總計有80名。

東海旁學校，是以支那人為主的初等學校，平均學生有92名，3名教師與1名漢語教師負責教學事項。

區外學校，包括元朗學校、大埔學校、長洲學校等校，是面向支那人的初等英語學校。學生共計84名，幹部由3名教師與4名漢語教師組成。

陸軍學校，有駐軍學校4所，分別在維多利亞城、九龍、鯉魚門及昂船洲，主要教育駐軍的子女，共有男學生108名，女學生74名。

警察學校，主要教育員警署與監獄裏的歐洲人、印度人與支那人的夜間學校。教育司選任的1名英國人教師與3名印度人教師

20　猶太裔商人嘉道理家族的艾理士‧嘉道理和香港華人領袖劉鑄伯於1901年共同興辦學校，為貧苦兒童提供教育，作育英才，獲得社會名流捐款支持。學校於1901年先後在西營盤、掃桿埔、廣州河南鰲洲外街及上海英租界建立，教授小學課程，其中掃桿埔分校乃印度人學校，名為 The Ellis Kadoorie School for Indians，即現時之官立嘉道理爵士學校，當時每日課堂的其中一小時會用作教授印度語。其餘三所分校則中英文並教，英文名為 The Ellis Kadoorie School，而中文則為「育材書社」，有「育參天地，才貫中西」之意。西營盤及掃桿埔分校於1915年改由政府接管，掃桿埔分校的性質不變，而西營盤分校則縮減高年級班，合資格的畢業生可直接升讀皇仁書院。

共同負責教學工作，主要受警察隊長監督。聽講生有 20 人。

乙　私立自由學校

私立自由學校（Excluded Private Schools）中有聖士提反女學院、聖保羅書院、聖士提反書院。聖士提反女學院取錄女學生，1918 年學生總數為 72 名。其他兩所學校取錄男學生，1918 年學生總數為 445 人。

二、教育條例適用的補助學校

補助學校有 26 所，由基督教各派傳道會經營，其中有 3 所學校只准許男子就讀。

甲　私立英語學校

私立英語學校包括 2 所女子日校，24 所男子日校以及 50 所男子夜校。

已註冊的日校的男生 1,555 名，女生 39 名，夜校的男生 1,537 名，共計 3,131 名學生。私立英語學校中還有兩所學校是專門培養牧師的豁免學校，由天主教和九龍倉經營。上述學生人數中還包括這兩所學校的 20 名夜校學生。各學校實施的都是初步的教育。

乙　私立漢語學校

1918 年私立漢語學校日校有 346 所，其中有 3 所屬於豁免學校，另有 22 所夜校。政府對這些學校的教育條例實施極為嚴格，一旦發現經營方面的問題立即處以警告，或者下令關閉學校。因為時常擔心學校被下令關閉，所以校方一直盡力改善教學事項，加上

視學官的援助，這類學校發展極好。

丙　新界可發放補助金的學校

據 1918 年的調查，有 48 所學校屬於此類。已註冊的學生人數為 1,132 名，學生平均出席人數為 974 人，其中女生 39 人。這類學校均為初等學校。

三、師範科

皇仁書院及分區學校的支那人英語教師都是十七八歲，是被當做教師選拔出來的，工作時間為 5 年，須交付 10 鎊保證金。這類教師歸師範科教員監督，上午接受師範科教育，下午到各自所帶班級代替師範科教員或支那候補教員授課。

這類教師之後還需要到專門的夜校學習，3 年內課程修完之後可獲得修業證書。皇仁書院培養了 27 名教師。

職業學校專門設置了英國女教師的師範科。若沒有英國人學校及庇理羅士女子學校的免任狀，準教員需要獲得本科畢業資格。修業年限為 3 年。

在職業學校設立專門培養支那人教師的師範科主要有兩個目的：一是給在收容支那人的英語學校工作的漢語教師傳授教學法；二是給在教漢語的補助學校與私立學校工作的男女教師志願者們傳授教學法與地理、算術的常識。

庇理羅士女子學校也專門設立了面向職員的漢語教師培訓科。

四、職業學校

職業學校是教育司領導下的一部分，主要受英國人學校視學官的監督。校內設立有諮詢委員會，委員會由總督任命的 7 名委員

組成。教學改革等都須經過委員會的同意。

　　職業學校附設在皇仁書院中。上課時間是 8 個月，各科的上課時間是每周 1 到 4 個小時。起初，當局規定，學生選學數門學科，幾年內修完全部課程後，最後的修業證書即可視作畢業證書。但這種規定可以說太過看得起學生們的耐性了。參加年度考試的學生僅佔 5%，且兩科以上課程全部合格的學生少之又少。該校除上述師範科外，還設有速記科、英語科、急救科等。

五、香港大學

　　香港大學是依據殖民地條例創辦的。學校經營機關主要有校董會（Court）、校務委員會（Council）、教務委員會（Senate）等。校董會由職權外委員與指定委員共 14 人組成。校務委員會由校董會與教務委員會選舉的委員與職權外委員組成。教務委員會成員主要有校長、大學各部門以及教育司。香港總督為校監，醫務署長、工務司、華民政務司等也是校董會與校務委員會的職權外委員。這種設置使得政府與大學間的關係更為密切。學校可獲得政府的援助，以此確保教育方針的貫徹實施。校長是副總長，也是教務委員會的委員長。

　　學校設立條例序言明確表明大學創建的目的在於促進工藝、技術、科學的發展，實施高等教育，授予學位，提高不同種族、國籍、宗教學生的素質，增進與支那鄰近地區的人民間的互相瞭解。

　　大學起初設立了醫科與工科，後又依照居港支那人的要求設立了其他學科。這些學科主要講授化學、物理學、數學、歷史、英語、漢語、文學以及經濟原理等課程。此外也講授國際法、理學與經濟學。

教員有 1 名工科教授帶 6 名講師，1 名英語教授與 1 名歷史教授帶 1 名講師，1 名經濟學教授帶 1 名講師，還有數學、生理學、解剖學的教授。另有 9 名臨時講師。

有學生 120 名，多來自香港各學校與廣東各地區，也有少數學生來自檳榔嶼。從海峽殖民地而來的學生今後將有大幅增加。

第十章　宗教

第一節　羅馬天主教會 [21]

635 年在阿羅本（Dlopen）的帶領之下，景教開始在支那傳播。之後基督教傳教活動更是在各地發展起來，香港被割讓時基督教已經傳播到此。目前支那與香港有以下傳教會：巴黎外方傳教會

21　香港被英國佔領後，當時羅馬教廷駐澳門傳信部代表若瑟神父向教廷建議在香港成立一個新的傳教區，獨立於澳門教區，並獲得批准將「香港島及其周圍六里地方」成為宗座監牧區，於 1841 年 4 月 22 日由若瑟神父擔任首位宗座監牧。事件令澳葡政府震怒，認為會影響葡萄牙的保教權，所以在 1842 年初驅逐教廷駐澳門機關及人員離境，連同他們主理的修道院一同於 3 月 3 日遷往香港。來港後首要是重新建立教廷機關及興建聖堂，但由於過分操勞，若瑟神父於 1842 年 8 月 5 日便因病辭世。宗座監牧一職便交由其得力助手、修道院院長裴神父接任，其後教廷先後委任科蒙席及盎神父為宗座監牧。1858 年教廷計劃將香港監牧區交由米蘭外方傳教會（後與羅馬聖伯多祿聖保祿修院於 1926 年合併為宗座外方傳教會）管理，至 1867 年 11 月 17 日全面負責。自此香港天主教首牧均由該會神父擔任，首位為高主教，直至 1968 年 11 月 30 日白英奇主教榮休後改由香港教區內的華人擔任。而香港的傳教區地位由 1874 年 11 月 17 日起升格為宗座代牧區，1946 年 4 月 11 日成為教區，更曾負責新安縣、歸善縣及海豐縣的傳教工作。

（Paris Society for Foreign Mission）、方濟各會（Franciscan Friars of Various Branches）、遣使會（Lazarists or Vincentians）、比利時傳教會（Belgian Mission）、澳門教區（Diocese of Macao）、道明會（Dominican Friars）、聖言會（German Missionaries of Steyl）、米蘭外方傳教會（Foreign Mission of Milan）、奧斯定會（Spanish Augustinian Mission of North Hunan）、聖伯多祿及聖保祿修院（Seminary of St.Peter and St.Paul）、聖方濟各沙勿略修院（Seminary of St.Francis Xavier）。另有一些附屬耶穌會的傳道團。

　　為方便在外國傳道，1658 年巴黎設立了外方傳教會，該會成立以來積極從事在香港地區的傳教活動。該教會在香港地區開展的教育事業及其狀態如下表所示：

		聖若瑟書院	意大利傳道會學校	法國傳道會學校
登記學生數	男	612	/	/
	女	/	353	101
平均出席學生數	男	521	/	/
	女	/	301	77

　　以上資料來自從事中等教育的私立補助學校。從事初等學校的私立補助學校另有 5 所，登記學生數是 333 名，其中男生 61 名，女生 272 名；平均出席學生數為 266 名，其中男生 51 名，女生 215 名。

第二節　英國聖公會

1840 年開始的鴉片戰爭在 1842 年結束後，中英兩國簽訂了《南京條約》，將香港割讓給英國並開放 5 個港口，之後美國與英國的聖公會就計劃在支那實施大規模的傳教活動。目前，香港與支那分為維多利亞、福建、支那中部、上海、漢口、支那北部、山東及支那西部 8 大教區。維多利亞教區於 1849 年設立，是英國教會在遠東的根據地，會督的監督權覆蓋支那與日本在內的整個東亞。

為說明現今英國聖公會在香港的事業開展，有必要先瞭解一下香港教會傳道協會的情況。該協會僅在香港設立，是屬於 1899 年駐遠東的英國聖公會的組織，輔助維多利亞教區的傳道事業。有關該協會的傳教、教育、慈善事業等情況說明如下：

聖約翰大教堂——是英國人教會事業的中心，建於 1842 年。是座宏偉的哥德式建築，大教堂由教會團及會督推選的牧師管理。

聖安德烈堂——該會堂位於九龍，是 1906 年由保羅·遮打爵士（Sir Catchick Paul Chater）的捐贈款修建的，是作為九龍半島有聖公會教徒的禮拜堂。

教會傳道會依照聖公會會督條例於 1862 年設立的，主要輔助維多利亞會督管轄區的傳道事業，對促進基督教的傳播也起到了很大作用。另有聖士提反堂、聖三一堂、諸聖堂等面向支那人傳教。

香港的聖公會不僅負責教會傳道，還從事教育及慈善事業，間接地制定基督教的傳教方針。

聖公會開展活動的具體情況如下所示：

一、聖保羅書院——主要面向支那人信徒講授歐式教育，學生總數共計 350 名。

二、聖士提反書院——是為支那人紳士及兒童設立的書院，

歸教會傳道協會經營，職員有英國人與支那人，立足於基督教主義傳授歐式教育。

三、維多利亞孤兒院——是 1880 年教會傳道協會的奧斯特創辦的。起初校址在西角，後搬至九龍。孤兒院主要收留失去雙親及親屬且品行良好的兒童，或掙扎於殘酷暴虐的僱主下的兒童。兒童們在這裏受到保護並接受教育。

四、拔萃男書院——位於般咸道，是招收歐洲人、歐亞人、支那人男子學生的日校。校內有寄宿設備。登記學生數為 369 名，平均出席人數為 294 名。

五、拔萃女書院——招收歐洲人、歐亞人、支那人女子學生的日校。校內有寄宿設備。在莊思端女士的努力下，該學院逐漸發展強大。登記學生數為 141 名，平均出席人數為 116 名。

六、飛利學校[22]——收取支那女子學生傳授基督教主義。學生總數約 200 名，校內有寄宿設備，可領取政廳下發的補助金。目前有部分人認為該學院應該改為招收支那女子學生的高等學院。

除上述學院以外，另有聖約翰舍堂、婦女聖經教導學校、華語日校等。

22　飛利學校由英國聖公會差會傳教士莊思端女士（Ms. Margaret Johnstone）於 1886 創辦，校址位於般咸道近薄扶林道，隨後遷往巴丙頓道，並曾與聖士提反女子中學共用校舍直至 1924 年遷往列堤頓道現址為止，般咸道舊校址則交予聖約翰舍堂使用。1936 年飛利學校與維多利亞孤兒院暨女校（創立於 1887 年）合併為協恩中學，並遷往九龍城農圃道。新校址由時任香港總督郝德傑於 1936 年 10 月 23 日主持奠基禮，翌年 5 月 19 日由莫壽增會督主持獻校禮，翌日開幕。

第三節　新教

在殖民地獨立教派中，新教是宗教生活的中心。新教設有聯合教會[23]，由傳教士理雅各牧師所建。該傳教士於 1843 年由倫敦傳道會派到香港，最初將居所當做歐洲人的會堂，之後開始策劃建設新會堂。新會堂於 1845 年設立，初建於威靈頓街。隨著教會的發展，該地顯得狹窄，新會堂遂於 1865 年搬遷至士丹頓街，後又於 1894 年搬至如今的堅尼地道。1893 年和 1894 年分別組織了婦女協會與基督教奮進會。兩會都對教會的傳道事業貢獻頗大。1904 年香港及新界傳道會成立，該會由聯合教會及倫敦傳道會支那人分部[24]提攜發展，借助英國的權力面向租借地居民傳教，取得了極大的成績。主日學也在各地開展起來，成績頗好。

23　Union Chapel，早期中文譯為「愉寧堂」，後改名為 Union Church 佑寧堂。顧名思義，佑寧堂乃聯合基督新教各宗派組成的教堂，鑑於當時香港開埠不久，各宗派仍未有自家的聚會場所，理雅各牧師便在居所舉行聚會，並著手建立教堂。除本書所述之堅尼地道堂址外，在九龍佐敦道亦另建九龍佑寧堂，以便利九龍區的信徒，於 1931 年 4 月 10 日落成。

24　倫敦傳道會理雅各牧師來港傳道，並將原創立於馬六甲之英華書院遷移香港，作為向華人推行教育、傳教及培養傳道人之用，而該校之華人牧者與會眾亦以書院作聚會場所，因而名為「英華書院公會」。隨後人數漸長，便改為借用佑寧堂舉行聚會。這群以華人信徒組成的教會後來自立，1888 年於荷李活道建立道濟會堂，1926 年遷址般咸道並改名為合一堂。

第十一章　定期刊物

英文日刊報紙有 4 種。發行份數為 1,400 至 2,300，從其內容及發展前途來看都不具備大報的資格，難成大氣候。

一、*Hongkong Dairy Press*《孖剌西報》（早報）1857 年發刊，股份公司，由 H. Cartwright 與 Mr. Bertram Augustus Hale 經營。該報紙儘管對外宣稱其中立立場，但實際上相當於英國政府的半官報。為保證報導的速度，該報往倫敦、巴黎、漢堡、日本以及支那各地派遣通訊員。香港英文報紙中它居首位，除日刊以外，還發行 *Hongkong Weekly Press & China Overland Trade Report* 等周刊與 *Chinese Commercial News*《香港中外新報》等中文報章。此外，還編纂發行支那、日本、朝鮮、海峽殖民地、馬來聯邦州、婆羅洲、菲律賓等東洋各國的年鑑。該年鑑登載了關於土地、人口等的詳細資訊，又對遠東地區的情況解說得十分詳實，因此受到政府及民眾的重視。

二、*South China Morning Post*《南華早報》（日報）1903 年以 15 萬美金的資金創立的股份公司，發行 *Hongkong Office Law Reports*, *Naval & Military Directory* 及 *Hongkong Directory*。主編是 Mr. Thomes Petrie 。該報紙的主要目的是為促進支那人與英國人之間的瞭解，在政治上並未有任何主見。在諸報紙中發行份數最多。

三、*China Mail*《德臣西報》（晚報）該報紙因是殖民地最古老的報紙而聞名。1845 年 2 月 20 日創刊，由創刊起至 1859 年成為政府公佈消息的報章。該報紙是合資組織，G.W.C.Burnett 是主編。在編排方面充分運用英國式方法，在各報紙中信譽相對較高。

除日刊以外，還發行 *Overland China Mail* 與 *Who's Who in the Far East*。

四、*Hongkong Telegraph*《士蔑報》（晚報）1881 年由 Mr. Robert Frazer Smith 創立，1900 年以合名組織登記。目前該報紙由成功的猶太人牙科醫生 Dr.J.W.Nobel（Dr. Joseph Whittlesey Noble）所有，Alfred Hicks 是主編。該報紙得到在香港英國商人等貿易方的擁護，在香港具有一定勢力。另發行 *Weekly Teleglaph*。

在廣東政府的幫助下還創辦了 *China Republic* 日報。該報紙由美國人編輯，因此美國味十足。

香港歷來就是支那革命黨的巢穴，革命爆發之前，中文報紙較多，革命之後中文報紙逐漸轉向廣東，到現今僅有七八家。

《華字日報》（日報）是組合組織，支那南方頭號報紙，發行數達 3,500 份，報導極為迅速，大量登載了北京及支那中央的資訊，在政界與實業團體中頗具勢力。

中文報紙還有《循環日報》、《寔報》、《民國新報》、《世界公益報》、《中外新報》等。日語報紙有《香港日報》，由松島宗衛經營，發行數為 400 份。

除上述報紙外，還有 *Rosenstock's Gazetter and Commercial Directory of China & Manila*（《支那香港菲律賓人名錄》）、《華商人名錄》、《進出口商名錄》、*China Stock & Share Handbook*（《香港各大銀行營業狀況錄》）、*Weekly Share Report*（《香港股市情況報告》）、*Freight Circular* 等刊行物。

第十二章　財政

總說

　　香港政府的財務事務由庫務司依照臨時發佈的財政訓令及其他命令負責管理。香港成為殖民地之初，財務經費全依賴於英國政府。到般咸爵士施政時代，1848 年至 1854 年財政補助金減少為 25,000 鎊，之後又變成 9,200 鎊，最終補助金被全部取消。但 1857 年與 1858 年又獲得約 10,000 鎊的補助金，以作建設經費。之後殖民地財政脫離英國政府，基本自給自足，除了特別的臨時支出，年收入多於年支出，財政運轉良好。1919 年的收入總額為 16,524,975 元，支出總額為 17,915,925 元。

　　1911 年至 1919 年香港政府的年收入與年支出對照表如下：

（單位：元）

年份	年收入	年支出
1911 年	7,497,231	7,077,177
1912 年	8,180,694	7,202,553
1913 年	8,512,308	8,658,012
1914 年	11,007,273	10,756,225
1915 年	11,786,106	15,149,267
1916 年	13,833,387	11,079,915
1917 年	15,058,105	14,090,828
1918 年	18,665,248	16,252,172
1919 年	16,524,975	17,915,925

年收入

年收入主要包含土地稅、戰時利得稅、車輛轎子稅、印花稅、鴉片專賣、酒稅、罰金、各種證件費用、政府手續費等款項。1918 年及 1919 年度年收入明細如下表所示（分四捨五入元，一起算入總計金額）：

收入種類	1918 年	1919 年
燈塔稅	52,816	74,545
燈塔特別附加稅	63,105	83,973
證件費用及國內收入	15,201,189	12,865,534
法院手續費等	913,793	1,013,207
郵局收入	451,586	460,892
九廣鐵路	433,274	490,092
官地收入	1,010,245	1,041,431
利息	99,302	112,798
零雜收入	140,644	118,539
土地出售	299,289	263,960
合計	18,665,248	16,524,974

香港歷來就是自由港，原則上對進出口物品不徵收稅，對危險物、武器、刀刃類等的限制則十分嚴格，需要辦理相關的手續，且手續費用極高。1909 年根據相關法令開始對酒類徵收稅收，1911 年又提高該稅收費用，1916 年為補貼俘虜收容的費用而再度增加稅收。但商品再次出口時，會有部分稅收退回。其他商品如鴉片、嗎啡、白糖、煙草也與武器物品同樣，在進出口時會徵收一定的手續費。

年支出

1918 年與 1919 年的年支出明細如下表所示（分四捨五入元，一起算入總計金額）：

費用項目	1918 年			1919 年		
	所屬職員的報酬及俸祿	其他費用	合計	所屬職員的報酬及俸祿	其他費用	合計
總督	68,115	5,192	73,307	71,037	6,160	77,198
民政長官部及定例局	57,365	3,324	60,689	65,398	2,799	68,197
華民事務部	47,986	2,130	50,117	32,774	2,851	35,625
會計檢查部	29,909	2,930	32,840	32,774	2,851	35,625
財務局	60,117	2,960	63,078	60,993	2,083	63,076
港務局	106,295	68,119	174,414	119,428	115,982	235,411
進出口監督局	123,864	623,399	747,263	129,607	680,020	809,627
天文臺	15,311	4,716	20,028	17,870	5,580	23,450
零雜支出	/	/	5,676,571	/	/	5,532,810
司法部	224,898	173,866	398,765	230,157	21,276	251,434
警察及監獄部	586,576	287,287	873,863	657,340	409,480	1,066,820
醫務局	141,651	95,885	237,537	151,823	112,702	264,524
衛生局	252,026	118,143	370,169	262,993	121,879	384,873
園林局	24,300	26,156	50,456	26,167	25,289	51,457
教育	271,681	71,737	343,418	271,718	86,087	357,806
軍事費	/	/	2,788,271	/	/	2,788,721
土木工程	338,713	36,488	375,202	350,031	41,351	391,382

土木修繕費	/	/	712,675	/	/	822,509
土木臨時費	/	/	1,578,149	/	/	2,235,002
郵局	148,803	32,405	181,208	156,324	18,099	138,234
九廣鐵路	155,578	231,697	387,275	165,271	272,320	437,592
公債費	/	/	783,391	/	/	749,649
年金	/	/	228,401	/	/	217,510
慈善費	/	/	44,623	/	/	68,638
合計	2,653,195	1,786,442	16,252,171	2,819,607	1,889,733	17,915,925

　　殖民地公債詳細說明如下：

　　第一回公債——1887 年發行，原發行額為 20 萬鎊，利息 4%，以充作建設費用。其中 6 萬鎊已經償還，因此剩餘金額為 14 萬鎊。

　　第二回公債——1893 年發行，原發行額為 20 萬鎊，利息 3.5%，以充作建設費用。

　　第三回公債——1894 年發行，原發行額為 1799 鎊 15 先令 1 便士，利息 3.5%，用來借還第一回的公債。

　　第四回公債——1906 年發行，原發行額為 1,403,933 鎊 1 先令 4 便士，利息 3.5%，用於充當湖廣總督鐵路鋪設費用貸款。

　　第五回公債——1916 年發行，原發行額為 300 萬元，利息 16%，充作英國政府的歐洲大戰費用。

第十三章　交通

第一節　海運

一、海港設備

總說

香港港又稱維多利亞港，南岸是維多利亞城，北岸是九龍市，西面為青洲、昂船洲。島形似海灣，東西橫貫，南北狹長，面積僅有 10 平方英里。港內海床多為泥土沉積而成，水位充分，商船錨地平均水深為 30 至 50 英尺，是可供大船停靠的優良天然港灣。新加坡、廣東、澳門方面的船隻主要經由位於香港島西北岸與青洲之間的硫磺海峽（Sulphur Channel）入港，澳洲、美國、日本及支那北部來的船隻則從東面的鯉魚門（Lyee-Mun Channel）入港。[25]

25　香港開埠後海上航運發展迅速，為指引船隻進入海港，在進出香港的航道上興建燈塔是一項必要的基礎建設，因此英國海軍於 1867 年指派列特中校在航道沿岸選擇適當的位置興建燈塔。1873 年香港政府落實在香港島南端及維港兩端興建鶴咀燈塔、青洲燈塔及黑角頭燈塔，並先後於 1875 至 1876 年間啟用，但一些位於當時港英政府管轄範圍以外的選址，則需要與清政府商討。雙方最終於 1888 年達成協議，批准在蚊尾洲及橫欄島興建燈塔，作為香港東西兩面航道中最外圍的指引，而蚊尾洲就是經常在歷史相片看到的 "Gap Rock"。兩座燈塔分別於 1892 及 1893 年啟用，蚊尾洲燈塔由港英政府興建並管理，但橫欄島燈塔則由中國海關委託法國巴黎 Barbier and Co 公司建造，中國海關自行管理，直至英國租借新界後於 1901 年交予港英政府。

防波堤

　　港內風平浪靜，猶如湖面一般，似乎無需修築防波堤，但該地處於颱風圈內，為防禦暴風雨的襲擊，港內有專為保障汽艇與艀船安全而修建的防波堤。一個位於港灣東邊的銅鑼灣（Causeway Bay），另一個位於北邊的望角咀（Mongkok Tsoi）。前者於 1893 年完工，堤壩總長 1,400 英尺，避風塘面積 577 平方碼（編者按：平方碼 =9 平方英尺）。這個工程共花費 96,500 元。後者是鑑於 1905 年颱風襲來的慘痛教訓，因而提高燈塔稅籌資 250 萬元，於 1915 年修建的。防波堤總長 2,325 英尺，高 44 英尺，避風塘面積為 369 平方碼[26]，總耗資 220 萬元。該防波堤儘管未經過颶風來襲的實際考驗，但無論多麼強烈的暴風它應該都是可以抵禦得住的。

碼頭

　　港內約有 50 座浮標，大小碼頭總計三十餘個，用於廣州、澳門、汕頭、廈門等沿岸船以及各類汽艇停靠。可供大型船隻使用的碼頭情況如下所示：

（一）香港九龍碼頭倉庫公司旗下碼頭

	所在地	長度（英尺）	兩側水深（英尺）
第一號碼頭	九龍	500	25
第二號碼頭	九龍	477	25
第三號碼頭	九龍	565	27

26　日文原著表述之望角咀避風塘面積為「百六十九碼」，欠缺百位數值。翻查 1915 年工務局年報資料，顯示該避風塘之面積為 3,325 平方英尺，即 369.4 平方碼。

| 第五號碼頭 | 九龍 | 666 | 30 |
| 西角碼頭 | 香港 | 330 | 21 |

（二）太古洋行旗下碼頭，長 600 英尺，寬 50 英尺，兩側水深 36 英尺。

這兩家公司的設備可供 13,000 噸以內的船隻停靠，碼頭到倉庫之間設有輕鐵，方便船隻與倉庫的連接。碼頭可承受 4 噸以內的重量。

倉庫

該港不僅是東洋商業中心，又是世界貨物流通的中轉站，擁有 5 億元的中轉貿易額。這麼大的港口本應該配備大規模的倉庫設備，但因貨物基本是中轉且多直接在貨船間周轉，所以倉庫數量雖不少，但與貿易額並不成比例。香港東部及西部海岸倉庫設施鱗次櫛比，其中大部分是私有且規模很小。主要倉庫列舉如下：

香港九龍碼頭倉庫公司

		面積
九龍	34 棟	284,000 立方英尺
香港西部	10 棟	55,000 立方英尺

太古洋行

		面積
九龍	4 棟	60,000 立方英尺

太古洋行倉庫規模極大，設備齊全，堪稱東亞第一。

另外，渣甸、輪船招商局、道格拉斯汽船公司、太平洋汽船

公司等與香港九龍碼頭倉庫公司之間沒有契約，但公司也各自擁有大小倉庫。

煤炭倉庫等有三井、三菱、太古、渣甸、同昌（Tung Chong）及海軍所經營的數個倉庫。

船塢

該港是世界最大的商業港口之一，因此造船設備與船舶修理設備配備齊全。除商船外，英國與其他國家的軍艦也可入塢修繕，非常方便。船塢經營者主要有香港黃埔船塢公司與太古船塢公司。前者成立於 1863 年，到 1916 年資金達到 300 萬元。該公司在九龍紅磡有 3 個船塢 2 艘船，在油麻地大角咀有世界公民船塢、雅高達船塢、希望船塢、雷蒙特船塢。

太古船塢公司在當地設立太古洋行代理店。該洋行從 1909 年開始營業，在鰂魚涌有 1 個船塢，3 個船架。

海軍工廠內有可修理英國遠東艦艇的海軍船塢。其他也有由西洋人與支那人經營的，可製造並修理內河船、小蒸汽船的船塢。

二、航運狀態

香港佔據東亞的咽喉要道，是日本、支那、南洋貿易的樞紐之地。從出入船隻及貿易額來看，香港可以說是世界少有的大型商業港口。1918 年出入香港殖民地各港口的船隻數總計 579,541 艘，總重量達 29,518,189 噸。其中從事國外貿易的船隻有 43,436 艘，總重量為 16,955,332 噸。1919 年該港國外貿易出入船隻數為 51,977 艘，總重量達 21,062,714 噸。

1919 年出入香港的各國船隻情況如下表：

入港船隻

國籍	船隻數	噸數
英國	4,689	5,063,135
美國	150	413,859
支那	1,582	865,187
支那平底帆船	10,353	1,248,389
丹麥	6	17,720
荷蘭	113	262,213
法國	159	204,494
日本	1,148	2,111,252
挪威	96	99,652
葡萄牙	156	62,961
俄國	8	9,989
瑞典	1	2,217
暹羅	7	7,916
其他	6	31,974
與香港以外的諸港有貿易往來， 未滿 60 噸的船隻	2,509	80,800
合計	20,983	10,483,758

出港船隻

國籍	船隻數	噸數
英國	4,674	5,028,136
美國	152	415,951
比利時	1	3,203
支那	1,588	878,267

（接上）

中式平底帆船	10,357	1,849,744
丹麥	6	17,720
荷蘭	113	269,546
法國	160	204,926
希臘	5	16,200
日本	1,140	2,091,073
挪威	89	103,109
葡萄牙	158	63,229
俄國	11	14,556
瑞典	1	2,217
暹羅	7	7,916
其他	6	31,974
與香港以外的諸港有貿易往來，60 噸內的船隻	2,526	81,189
合計	20,994	10,578,956

第二節　陸運──廣九鐵路

沿革

　　1899 年 4 月，督辦大臣盛宣懷與怡和洋行訂立契約，策劃英清組合（中央公司）修建鐵路的活動。1907 年 6 月，籌足了 150 萬鎊的建設資金後，著手修建工程。但此事遭到當時成功收購了粵漢鐵路的廣東地方鄉紳們的極力反對，尤其是在借款協定方面，與廣九鐵路抗爭不下。因為協定中有一條規定，不得以犧牲該鐵路的利益去鋪設其他鐵路。鄉紳們認為這會影響到廣東省的發展，於是

加以阻撓，但最終沒能成功。經過 5 個年頭的工程建設，1911 年 8 月鐵路全線開通。該線路的開通促進了香港的發展與繁榮。

借款內容

一、簽訂日期與簽訂者：1907 年 3 月 7 日 唐紹儀

二、債權者：英國中英公司

三、借款用途：廣東至九龍的鐵路建設以及工程建設過程中的利息支付

四、總債額及年利息：150 萬英鎊，5 分息

五、本金總額：94%，141 萬

六、擔保：鐵路財產和收入

七、償還期限：30 年，自公債發行日起 12 年半之後分 18 回償還，17 年半時間內全部償還所有款額。

八、本金首次償還及截止日：民國九年五月十八日至民國二十六年五月十八日

九、支付本金利息所需手續費：萬分之二十五

工程

該鐵路線路從英國租借邊境上的深圳出發，北上到東莞縣，穿過東江，到達廣州東門外大沙頭，長 89 英里。該線路還可從深圳出發，穿過英國租借地及英屬領地到達九龍，總路程 22 英里。兩段線路分屬支那政府與英國政府負責。英國負責的線路段於 1910 年開通，1911 年 8 月中旬全線通車。

英國方面是 1906 年動工修建的，但港內丘陵連亙，工程建設難度較大，鑿開 5 條隧道，其中畢架山（編者按：又名筆架山）隧

道長 1 英里 4 分，其他各隧道長達 150 至 924 英尺，實際所耗費的建設經費難以估量，超出了預算的 2 倍，總共需 1,200 萬。[27]

支那方面，地形多平原，工程建設難度不大，只是在石龍架設兩座鐵橋難度稍大。[28] 因此相比英國方面 22 英里的鐵路耗資 1,200 萬，支那方面 89 英里長的鐵路建設僅花費 1,500 萬。

軌間距離為 4 英尺 8 英寸 2 分，鐵軌條長 36 英尺，重 85 磅，枕木一般為木製，1 英里約安放 2,000 根枕木。

支線

自粉嶺站向東北到面向大鵬灣的沙頭角，這一路段總長 7 英里 4 分，被稱作粉嶺支線[29]。鐵路寬 2 英尺，其建設目的主要為政

27　九廣英段的五條隧道由南至北命名為一號至五號隧道，分別為於油麻地站（今旺角東站）以北（今新世紀廣場位置）、畢架山（仍存，現租予煤氣公司設置管道）、兩條位於馬料水（今大學站南北兩端，鐵路電氣化工程時拆毀）及大埔滘（仍用作南行線使用）。九廣英段現存的古跡還包括尖沙咀鐘樓、舊大埔墟站、分別位於禾輋、馬料水、白石角及大埔墟的石拱橋，以及舊羅湖橋。

28　為跨越東江，廣九華段需在東莞石龍鎮興建兩座鐵橋，分別位於石龍站兩端，北曰石龍橋，長 800 英尺，建築費 75 萬港元；南曰東莞橋，長 1,024 英尺，建築費 95 萬港元。另廣九華段有一條較短的鐵橋位於增城市石灘鎮，名石灘橋，至今仍在。

29　在廣九英段接近完工之時，北區理民府於 1911 年向政府建議興建鐵路連接沙頭角一帶的村落，並獲得採納。鐵路局便以廣九英段施工時使用的窄軌鐵路物資興建支線，以連接粉嶺站與沙頭角之間，工程只用了一年時間便完成，於 1912 年 4 月 1 日落成。當時的沙頭角已經有人聚居並設立東和墟，而鐵路沿線亦遍佈村落，相信當時有不少人使用鐵路運輸農產品或前往惠東一帶。但由於列車速度慢、效率低，政府於 1924 年決定興建公路替代。一條與支線的走向相同的沙頭角公路於 1927 年落成後，沙頭角至粉嶺支線最終在 1928 年 4 月 1 日停止服務。現時支線的孔嶺站及一條位於石涌凹的橋樑仍保存至今，而沙頭角車坪街的命名亦與支線車站有關。

治性意義，而經濟收益甚少。

　　站名與距離九龍及廣東到各車站的距離如下表所示：[30]

站名	距廣州的距離（英里）	距九龍的距離（英里）
廣州一大沙頭	/	110.97 （原文誤植 110.17）
石碑	3.63	107.34
車坡	7.90	103.07
烏涌	12.58	98.39
南崗	17.09 （原文誤植 17.90）	93.88
新塘	21.67	89.30
唐美	23.61	87.36
雅瑤	25.54	85.43
仙村	29.00	81.97
石廈	32.25	78.72
石灘	34.77	76.20
石瀝窖	36.34	74.63
石龍	40.15	70.82
四湖	42.14	68.83
南社	45.74	65.23
橫瀝	49.74	61.23
常平、木倫	53.30	57.67

30　編者根據由廣九鐵路局於中華民國五年出版之《廣九鐵路旅遊指南》記載，部分車站之英里數與《香港要覽》之記載有所偏差，經計算後相信乃《香港要覽》排版時誤植數字所致，因此將正確數值及誤植之數值一同列出，以供參考。

（接上）

工塘	56.20	54.77
樟木頭、石馬	61.14	49.85 （原文誤植 41.85）
林村	65.80	45.17
塘頭廈	68.42	42.55
石鼓	71.10	39.87
天堂圍	73.15	37.82
平湖	76.50	34.47
李朗	80.62	30.35
布吉	83.90	27.07
深圳墟	87.73	23.24
深圳	88.73	22.24
粉嶺	92.24	18.73
大埔墟	96.43	14.54
大埔	97.70	13.27
沙田	103.75	7.22
油麻地	108.56	2.41
紅磡	109.97	1.00
九龍	110.97	/

粉嶺支線各站名稱及距離如下表所示：

站名	距離
粉嶺	/
孔嶺	2.50
禾坑	3.50
石涌凹	6.25
沙頭角	7.50

運費率

1917 年的調查顯示，英國方面每英里鐵路，三等座的交通費是 2 分；支那方面是 1 分 25，二等是三等的 2 倍，一等是三等的 4 倍。英國鐵路各站運費均以香港貨幣為基準，支那則以廣東小銀幣為基準進行計算。往返車票只限一、二等座，票價是單程車票的 1.5 倍。

英國方面的各級別貨物運費每噸每英里如下表所示：

級別	最高	最低
危險貨	七仙半	一仙半
頭等貨	（英段）四仙十分之七	一仙五分之一
二等貨	三仙	五分之三仙
三等貨	一仙五分之一	二十五分之六仙
特別一號	五分之三仙	二十五分之三仙
特別二號	二十五分之九仙	二十五分之三仙
特別三號	二十五分之六仙	二十五分之三仙

營業狀況

1916 年、1917 年及 1918 年鐵路旅客數如下表所示：

	1916 年	1917 年	1918 年
從英國到支那的旅客	307,310	309,394	307,494
從支那到英國的旅客	344,220	352,008	333,642
英國方面的旅客	277,800	277,968	296,379
粉嶺支線	67,608	55,211	45,187

1917 年度及 1918 年度總支出金額如下表所示：

（單位：元）

支出		1917 年	1918 年
幹線	軌道及營造物維持費	44,553.81	44,921.86
	機車客車貨車購入與修繕費	187,971.16	204,704.75
	運轉費	54,144.44	53,675.01
	一般費	39,858.76	40,716.60
	雜費	64.20	64.50
支線	軌道及營造物維持費	2,809.98	3,669.52
	機車客車貨車購入與修繕費	6,414.12	7,087.32
	運轉費	1,615.01	1,381.51
合計		337,431.48	356,221.07

1917 年度及 1918 年度總收入金額如下表所示：

（單位：元）

收入		1917 年	1918 年
幹線	英國方面旅客運費	119,397.09	132,353.37
	英國方面貨物運費	9,985.88	10,761.46
	英國方面雜項收入	18,321.86	16,203.82
	支那方面旅客運費	234,622.27	234,974.80
	支那方面貨物運費	33,770.69	27,967.80
	支那方面雜項收入	2,489.25	2,752.18
支線	旅客運費	8,809.72	7,482.43
	貨物運費	849.70	778.57
合計		428,246.46	433,274.43

上表中有關支那方面的資料是指支那鐵路收入中算入英國方面的部分。

從上表可得知，英國方面的鐵路年年盈餘，支那方面則年年虧損。若這種情勢繼續，支那路段的鐵路也必將轉手給英國管理。

電車

平地電車

銅鑼灣東至筲箕灣，西及堅尼地城的電車，每 12 分鐘發一班，兩條線路均由香港電車公司經營，車費一等座為 10 仙，二等座 5 仙。外國人都覺得應該坐一等座。一年輸送的客人量多達八九百萬人次。

高地電車

高地電車由山頂纜車公司經營，海拔 100 英尺至 1,300 英尺的岡丘上有約 1 英里的纜繩電車路線。這條路線方便了歐洲人商業區與山頂地區之間的聯繫。高地坡度最斜的地方成 45° 角。車費如下表所示：

	一等	二等	三等
一、聖約翰公園至堅尼地道與寶雲道	十仙	五仙	五仙
二、寶雲道至種植道與爐峰峽	二十五仙	十仙	十仙
三、聖約翰公園至種植道與爐峰峽	三十仙	二十仙	十仙
同未滿十二歲的兒童	十五仙	十仙	十仙

未滿三歲的兒童無需買票。購買線路二、三往返車票時有折扣。

第十四章　通信

第一節　普通郵政

總說

英國人在殖民地確立實權不久，當時的駐華全權代表砵甸乍便在聖約翰座堂（St. John's Cathedral）的山崗上設立了郵局。該郵局起初是屬英國政府管理，1860 年 5 月移交給香港政府。自

1862 年 12 月 8 日開始使用郵票 [31]，到 1876 年以每年支付 3,150 鎊的條件加入萬國郵政聯盟而發展至今。英國發來的郵遞件，經過加拿大、蘇彝士、西伯利亞三地，須 27 至 29 日時間。郵局在歐洲郵遞方面時有虧損，幸好周邊地區的郵遞配送有所收益，剛好填補虧損。香港郵局以及分局所在地如下所示：

香港總局：畢打街（Pedder Street）
分局：九龍（尖沙咀）上環（摩利臣街）西營盤（薄扶林道）灣仔（皇后大道東）油麻地（窩打老道）
市內 24 個地方設置了郵筒。[32]

香港地方郵政費用

萬國郵政聯盟國以外，書信由英屬香港殖民地發往廣州、佛山、陳村、黃埔、澳門所需費用為 2 仙，明信片為 1 仙；發往英國與英屬殖民地的書信與明信片均為 4 仙；發往支那內地（除上述地方）與英國郵局所在地 [33]（如威海衛、上海、廈門、煙臺、福州、

31　早期香港的民用郵政服務由英國皇家郵政管理，在未有香港郵票發行之前，投寄信件必須前往郵政局繳納郵費，並會在郵件蓋上郵戳作實。在早期未有派遞服務時，市民亦要前往郵政局查看。至於軍用郵政則由軍方自行負責，而且一直使用英國郵票。

32　香港所使用的郵筒除了喬治五世及喬治六世外，一直由英國引入，直至 1980 年代開始在本港製造參考自新加坡的方形郵筒為止。殖民地時期的郵筒與英國一樣，會鑄有時任英皇的徽號，即使是並非英國本土製造的喬治五世及喬治六世郵筒亦一樣情況。至於在 1980、1990 年代製造的方形郵筒亦會裝上伊利莎伯二世的徽號，並且在回歸後拆除。

33　商埠代辦郵政，又稱「客郵」，乃列強於各通商口岸設置的郵政機關，獨立於大清郵政及之後的中華郵政，以便利商旅通郵為名而設立。英國在華

漢口、天津等）的書信需要 4 仙，明信片需 1 仙。

受理郵件數量

1919 年，從香港殖民地寄出的包裹以及小郵包共 144,592 件，比上年的 135,162 件多出 9,400 件。該年收到的郵件數為 134,754 件，比上年的 126,225 件多出 8,529 件。經由香港殖民地的郵件數為 90,428 件，比上年的 81,562 件多出 8,866 件。

1919 年到港的郵政船隻數為 4,549 隻，比上年的 4,501 多出 48 隻。另有 6,463 隻船從香港發出，比上年的 5,697 多出 766 隻。

1919 年郵政總局的掛號信件數為 955,535，比 1918 年的 862,626 增加 92,909 件。

滙兌

1919 年香港殖民地對日本發行 33,717 鎊，對印度發行 24,991 鎊，對英國發行 18,982 鎊，對上海發行 9,217 鎊，合計 100,537 鎊，比 1918 年的 98,988 鎊增加 1,549 鎊。

在該殖民地結算的為印度 28,110 鎊，英國 20,018 鎊，昆士蘭 16,868 鎊，加拿大 16,513 鎊，合計 170,825 鎊，比上年度的

客郵最先於 1844 年 4 月 16 日在《南京條約》訂明的五個通商口岸開設，即廣州、上海、廈門、福州及寧波，之後亦在汕頭、漢口、海口（1897 年 1 月）、劉公島（1899 年 9 月 1 日）、芝罘（今煙臺）（1903 年）及天津（1906 年 10 月 1 日）設立。另外英國於 1859 至 1879 年期間亦透過《安政條約》在日本的長崎、兵庫、橫濱等商埠設置客郵。客郵最初由領事館代辦（Consulate Packet Agency），郵件會先轉送香港處理，直至 1867 年起直接交由香港郵局管轄，並使用香港郵票，但在中國使用的郵票會加蓋 "China" 字樣。直至 1922 年華盛頓會議上通過取消各國在華客郵後，英國在華客郵最終於 1922 年 11 月 30 日停業。

162,264 鎊增加 8,561 鎊。

收入及支出

1918 年及 1919 年香港殖民地郵政事業的收入支出如下表所示：

收入

（單位：元）

收入種類	1918 年	1919 年
售賣郵票	373,463	396,802
不支付郵政稅	3,211	5,005
出租郵政信箱	7,935	8,294
滙兌手續費	8,320	6,882
滙兌行情變動的利益	32,490	31,798
滙兌基金的利息	1,584	1,063
無效滙兌	127	209
合計	427,132	45,056

支出

（單位：元）

支出種類	1918 年	1919 年
經營費	151,410	155,886
特別費	323	/
郵件中轉費	27,724	58,009
合計	179,457	213,895

1919 年由其他行政部門收取的中轉費的未付總額是 109,821 元，因此總支出額實際為 104,073 元。

第二節　海底電纜

大北電報局與大東電報局 [34] 在香港設有分公司，經營香港與其他地方聯絡的海底電纜。

大北電報局總部在哥本哈根。1869 年上海與香港間的海底電纜建成，大北電報局同時在香港設立分公司，本部設在上海。該公司經營香港廈門間的線路，主要負責浦鹽斯德、長崎、上海、廈門與香港線的一部分。大東電報局於 1871 年建成了新加坡、西貢、香港間的海底電纜，同時將分公司設在了香港。[35]

大東電報局所經營的海底電纜如下所示：

（1）香港與福州之間（上海－福州－香港－西貢－新加坡線的一部分）

（2）香港與西貢之間（同上）

（3）香港與馬尼拉之間（香港－馬尼拉－宿務島線的一部分）

（4）香港與納閣島之間（香港－納閣島－新加坡線的一部分）

（5）香港與澳門之間（單獨線）

（6）香港與海防之間（經由海防與西貢相連）

（7）香港島北角與紅磡之間（單獨線）

大東電報局的費用一般較低。

34　大東電報局（Cable & Wireless）的中文名稱乃源自創辦人約翰·彭德（John Pender）於 1872 年將其建立的多間海底電纜公司整合為 The Eastern Telegraph Company 而得名。

35　香港對外的海底電纜設置，大東電報局鋪設的多條均在薄扶林鋼線灣上岸，鋼線灣亦因而得名。而大北電報局連接廈門的海底電纜則在深水灣著陸。而由香港政府管理的兩座位於蚊尾洲及橫欄島的外海燈塔亦需要海底電纜連接通訊，著陸點分別位於深水灣及鶴咀。

第三節　陸上電信與電話

陸上電信

　　清政府於 1881 年在當地設立支那電報局（Chinese Teleglaph Administration），在陸上電信聯絡方面所起作用極大。電報局在九龍車站內設有分局。大東電報局經營的海底電纜連通香港東部經由九龍至油麻地之間的聯繫，支那電報局則依靠陸上電信連接廣東各地及支那內地其他地方。電信費用如下所示：

| 廣東省內各地 | 1 字 | 9 仙 |
| 廣東省以外的各地 | 1 字 | 18 仙 |

電話

　　香港市內電話由中日電話電力公司經營，與對岸九龍通話也十分便利。1906 年獲香港政府發出 25 年專營權。目前香港方面有 2,300 家，九龍方面有 300 家電話用戶。考慮到水警及海軍的需要，政府也架設了一些電纜。

第四節　無線電信

　　歐洲大戰爆發之時，英國深感鋪設無線電信的必要性，隨即在香港島東南端的鶴咀附近設立了無線電信局。自 1915 年 7 月 15 日起，航海中的船舶間可交換資訊。該電信局位於香港郵局內。費用如下所示：

| 10 字以內 | 港幣 3 元 |
| 10 字以上每增 1 字 | 每字港幣 30 分 |

除上述費用外，還徵收船舶接收局的費用。接收船的國籍不同費用額也有所不同。

港內英艦添馬號上歷來有無線電信，主要供海軍及政府使用，戰爭爆發後，又在昂船洲設立軍用無線電信。

第十五章　貿易

支那對外貿易的大部分活動都在香港與上海進行。香港背靠支那南部一帶，主導著東京、交趾支那及南洋諸島的貿易，是東洋地區的商業中心，也是聯絡世界各國的交通要地。入港船舶一年超過 2,000 萬噸，貿易額達 2 億鎊。可以說，瞭解了香港的貿易狀況也就大概掌握了支那及南洋貿易。但另一方面，香港是自由港，各國間的貿易關係錯綜複雜，想深入調查香港貿易狀況的人每每也是望洋興歎。

香港貿易總額達 2 億鎊，其中大部分為中轉貿易。南洋各地、印度、日本、歐美進口的貨物發往支那，又從支那引進諸多貨物，轉輸往日本、歐美、南洋及北美。1919 年香港進出口國以及進出口總額如下表所示：

（單位：鎊）

國家	進口總值	出口總值	合計
英國	5,129,784	2,698,813	7,828,597
澳洲	2,337,313	461,490	2,798,803
新西蘭	5,954	43,943	49,897

國家	進口總值	出口總值	合計
加拿大	419,950	481,986	901,936
印度	7,858,656	2,545,397	10,404,053
錫蘭	10,274	660,565	670,839
緬甸	387,690	367,683	755,328
南非	5,727	12,213	116,940
東非	/	5,811	5,811
中非	1	/	1
海峽殖民地及馬來聯邦	3,319,205	9,539,004	12,855,209
英屬北婆羅洲	263,763	175,463	439,226
西印度	/	1,723,966	1,723,966
直布羅陀	/	106,173	106,173
馬爾他	94	/	94
毛里裘斯	7,438	/	7,438
阿丁	161	/	161
埃及	7,564	375,062	382,626
美索不達米亞*	6,430	79,902	86,332
支那	12,580,880	52,812,380	65,393,260
日本、朝鮮及臺灣	9,657,777	9,837,404	19,495,181
荷屬東印度	2,964,149	2,734,230	5,698,379
法屬印度支那	13,557,271	8,747,845	22,305,116
暹羅	4,784,771	2,325,942	7,110,713
菲律賓	619,403	1,552,916	2,172,319
浦鹽斯德**	8,621,151	62,313	8,683,464

國家	進口總值	出口總值	合計
美國	17,759,011	4,876,946	22,635,957
中美	1,017	155,957	156,974
南美	8,314	394,915	403,229
北非	478	255	733
馬達加斯加	/	3,716	3,716
法國	151,622	550,526	702,148
意大利	17,459	101,072	118,531
西班牙	19,132	6,762	25,894
葡萄牙	3,587	/	3,587
挪威	64,224	/	64,224
瑞典	15,291	/	15,291
丹麥	3,105	29,940	33,045
荷蘭	21,990	206,399	228,389
比利時	3,441	93,302	96,743
瑞士	37,631	31	37,661
德國	/	1,974	1,974
總計	90,651,708	103,942,934	194,594,642

* （編者按：此處所指的「美索不達米亞」，應專指目前的伊拉克地區。第一次世界大戰期間，英國於 1914 年向鄂圖曼帝國位於阿拉伯地區的領土進攻，並於 1918 年完全佔領巴格達、巴士拉及摩蘇爾三省，稱之為「美索不達米亞戰役」。一戰結束後國際聯盟成立，並將戰敗國的殖民地成為國際聯盟託管地，當中美索不達米亞地區於 1920 年 8 月 10 日建立伊拉克王國，但在 1932 年 10 月 3 日之前實際由英國託管。）

** （編者按：「浦鹽斯德」即海參崴，乃由該地之俄語名稱「Владивосток」〔即拉丁語 Vladivostok〕音譯為日語「ウラジオストク」，再轉化為同音漢字而成。）

礦石、酒類及煙草等貨物不包含在與支那南部的貿易之中。

與香港貿易關係密切諸國的進出口貨物及金額如下表所示：

建築材料

進口		出口	
國家	金額（鎊）	國家	金額（鎊）
英國	63,212	緬甸	19,630
加拿大	61,256	海峽殖民地及馬來聯邦	240,279
英屬北婆羅洲	171,331	支那	297,847
日本	61,713	日本	18,604
法屬印度支那	80,763	荷屬印度	60,261
暹羅	100,571	印度支那	56,689
美國	71,534	菲律賓	26,954
其他合計	655,293	其他合計	753,052

化學製品及藥品

進口		出口	
國家	金額（鎊）	國家	金額（鎊）
英國	123,308	英國	34,481
印度	118,089	印度	46,337
支那	109,895	支那	283,804
日本	117,258	印度支那	39,870
美國	55,137	美國	492,924
其他合計	584,709	其他合計	965,416

中藥品

進口		出口	
國家	金額（鎊）	國家	金額（鎊）
印度	99,110	海峽殖民地及馬來聯邦	219,045
海峽殖民地	121,678	支那	1,095,507
支那	1,578,035	日本	130,107
印度支那	293,562	印度支那	365,124
美國	556,138	美國	213,490
其他合計	2,795,708	其他合計	2,493,025

染料及鞣皮原料

進口		出口	
國家	金額（鎊）	國家	金額（鎊）
印度	15,547	印度	15,502
海峽殖民地	161,979	緬甸	10,136
支那	21,730	支那	633,378
日本、朝鮮及臺灣	26,347	日本	24,800
法屬印度支那	72,941	印度支那	14,638
暹羅	31,193	其他合計	708,926
菲律賓	24,757		
美國	112,689		
其他合計	491,288		

食品材料

進口		出口	
國家	金額（鎊）	國家	金額（鎊）
澳洲	982,533	印度	1,101,540
海峽殖民地	320,632	海峽殖民地	1,381,567
支那	2,593,141	西印度	1,676,979
日本	1,034,052	支那	14,189,471
法屬印度支那	9,418,891	日本	7,565,709
暹羅	4,040,740	荷屬印度	1,015,759
美國	526,377	美國	2,525,382
其他合計	17,986,516	其他合計	34,338,747

燃料

進口		出口	
國家	金額（鎊）	國家	金額（鎊）
支那	500,181	支那	666,471
日本	2,367,218	暹羅	24,364
荷屬東印度	335,846	其他合計	702,371
印度支那	258,344		
其他合計	3,579,179		

鐵器類

進口		出口	
國家	金額（鎊）	國家	金額（鎊）
支那	2,818	海峽殖民地及馬來聯邦	36,545
日本	60,684	支那	209,762
美國	282,860	印度支那	86,938
其他合計	452,318	暹羅	62,123
		其他合計	431,379

機械類

進口		出口	
國家	金額（鎊）	國家	金額（鎊）
英國	223,992	海峽殖民地及馬來聯邦	16,876
海峽殖民地及馬來聯邦	23,499	英屬北婆羅洲	7,413
支那	21,085	支那	127,315
日本	11,974	印度支那	13,916
菲律賓	16,413	其他合計	176,243
美國	272,597		
其他合計			

金屬類

進口		出口	
國家	金額（鎊）	國家	金額（鎊）
英國	945,039	海峽殖民地及馬來聯邦	76,603
澳洲	131,112	支那	2,831,371
海峽殖民地及馬來聯邦	861,400	日本	201,251
日本	339,235	荷屬印度	81,872
荷屬印度	514,713	印度支那	212,626
印度支那	1,958,412	美國	130,040
美國	1,732,105	其他合計	3,668,469
其他合計	6,731,483		

礦石

進口		出口	
國家	金額（鎊）	國家	金額（鎊）
支那	53,427	日本	50,639
其他合計	54,837	美國	131,510
		其他合計	229,985

酒類

進口		出口	
國家	金額（鎊）	國家	金額（鎊）
英國	135,827	澳洲	12,061
海峽殖民地及馬來聯邦	20,241	緬甸	10,364
加拿大	14,090	海峽殖民地及馬來聯邦	63,966
支那	119,189	英屬北婆羅洲	12,976
日本	39,965	支那	321,604
荷屬東印度	162,622	印度支那	19,354
美國	35,604	美國	22,460
法國	54,928	其他合計	496,648
其他合計	599,908		

果實種子類

進口		出口	
國家	金額（鎊）	國家	金額（鎊）
海峽殖民地及馬來聯邦	249,039	英國	106,209
支那	947,552	海峽殖民地及馬來聯邦	52,032
日本	30,028	支那	748,088
印度支那	179,403	菲律賓	48,914
暹羅	16,909	美國	78,805
其他合計	1,454,612	其他合計	1,261,036

油與牛脂

進口		出口	
國家	金額（鎊）	國家	金額（鎊）
英國	56,318	英國	767,975
海峽殖民地	167,242	支那	3,426,844
支那	411,729	日本	236,631
日本	29,525	菲律賓	400,703
荷屬東印度	1,425,243	美國	597,527
印度支那	105,415	南美	258,549
菲律賓	25,205	其他合計	6,588,361
美國	3,219,763		
其他合計	5,470,087		

塗料

進口		出口	
國家	金額（鎊）	國家	金額（鎊）
英國	152,177	印度	18,634
日本	19,815	支那	387,428
印度支那	71,030	日本	14,831
美國	53,131	荷屬印度	31,584
其他合計	314,591	其他合計	471,285

紡織品

進口		出口	
國家	金額（鎊）	國家	金額（鎊）
英國	2,212,332	印度	683,284
海峽殖民地及馬來聯邦	46,293	海峽殖民地及馬來聯邦	290,284
支那	1,437,306	支那	4,824,416
日本、朝鮮及臺灣	715,850	荷屬印度	346,827
暹羅	57,397	印度支那	853,094
菲律賓	49,591	暹羅	356,333
美國	125,802	其他合計	7,905,097
其他合計	4,678,894		

鐵路材料

進口		出口	
國家	金額（鎊）	國家	金額（鎊）
英國	3,069	支那	13,148
菲律賓	1,132	印度支那	836
美國	20,109	其他合計	14,208
其他合計	28,457		

煙草

進口		出口	
國家	金額（鎊）	國家	金額（鎊）
英國	103,083	海峽殖民地及馬來聯邦	1,023,208
緬甸	39,449	埃及	182,943
支那	301,942	支那	877,420
菲律賓	151,713	印度支那	183,633
美國	447,529	暹羅	189,822
其他合計	1,072,762	其他合計	3,085,065

貴重物品

進口		出口	
國家（或地區）	金額（鎊）	國家（或地區）	金額（鎊）
澳洲	983,713	印度	164,895
加拿大	246,154	海峽殖民地及馬來聯邦	4,910,860
海峽殖民地及馬來聯邦	113,190	支那	7,595,430
支那	3,368,434	荷屬印度	415,912
印度支那	105,531	印度支那	2,302,781
浦鹽斯德	8,621,151	暹羅	732,018
美國	9,128,891	其他合計	16,207,858
其他合計	22,592,820		

車類

進口		出口	
國家	金額（鎊）	國家	金額（鎊）
英國	5,689	支那	29,559
支那	8,475	荷屬印度	7,754
日本	8,516	印度支那	13,769
菲律賓	9,118	其他合計	56,352
美國	129,983		
其他合計	167,027		

被服

進口		出口	
國家	金額（鎊）	國家	金額（鎊）
英國	174,309	印度	46,038
支那	57,984	海峽殖民地及馬來聯邦	74,671
日本	220,881	支那	659,636
美國	73,303	印度支那	69,740
其他合計	548,984	美國	55,459
		其他合計	1,068,931

雜品

進口		出口	
國家	金額（鎊）	國家	金額（鎊）
英國	764,059	英國	545,195
澳洲	254,097	海峽殖民地及馬來聯邦	884,859
印度	7,269,432	支那	13,590,100
海峽殖民地及馬來聯邦	1,201,479	日本	1,311,515
支那	941,636	荷屬印度	456,263
日本	4,509,631	印度支那	3,236,258
印度支那	991,259	暹羅	380,876
暹羅	400,349	美國	510,253
菲律賓	159,012	法國	375,447
美國	864,637	其他合計	22,340,580
其他合計	17,856,297		

第十六章　金融

第一節　貨幣

總括

香港的貨幣制度是依據 1895 年 2 月 2 日通過的《香港貨幣條例》（*Hongkong Coinage Order*）制定的。但是由於居住香港的幾乎都是支那人，而且與大陸接壤，法定貨幣逐漸地被驅逐，反被輔助貨幣及支那小銀幣、滙豐、渣打、有利等各銀行發行的紙幣所壓倒。

法定貨幣

本地的價格標準是元，依照法律，以墨西哥銀、英國元、港元等三種的本位幣種以及銀幣 50 仙、10 仙、5 仙、銅幣 1 錢、銅錢 1 文等的輔助幣種作為香港的貨幣。法律上，合同買賣和其他有關金錢的來往，只要沒有反對的意見都會以墨西哥銀為標準貨幣，而英鎊、港元則被看作與標準貨幣相當。

1. 英鎊：此貨幣是在孟買鑄幣廠鑄造的，現在實際上是流通性最好的貨幣。

2. 港元：此貨幣是於 1866 年以後的 2 年時間內在舊香港鑄幣廠鑄造的。

3. 墨銀：依照法律規定，墨銀為當地的標準貨幣，市場佔有率也最高，但流通度不如紙幣。現今墨銀對紙幣的比價通常比英鎊低 3 至 4 仙左右。

4. 輔助貨幣：香港總督若想鑄造銀、銅或合金的輔助貨幣，須經過英國政府的許可，委託英國或英屬印度的造幣廠鑄造。當地的輔助貨幣有 50 仙、20 仙、10 仙、5 仙等銀幣，以及 1 仙的銅幣，1 文的銅錢。這些輔助貨幣由英國政府或香港鑄幣局生產，2 元的銀幣與 1 元的銅幣是可流通的，50 仙銀幣儘管在法律上存在，但實際上不予以流通。銀幣全部以 10 仙的形式在市場上流通。

紙幣

香港地區的紙幣發行須經過總督的特許。現在在香港，擁有紙幣發行權的銀行有三家。它們分別是滙豐銀行、渣打銀行及有利銀行。滙豐銀行（一）將到賬資本金的三分之一以上的銀幣或保證金存放於英聯邦代辦或殖民大臣任命的委託人處，發行與到賬資本金等額的銀行券，（二）與流通額等額的銀幣或黃金存放於香港政府輔政司或財政司處，可另行發行紙幣。滙豐銀行發行 7 種紙幣，1 元、5 元、10 元、25 元、50 元、100 元、500 元。該銀行的資本金全數為到賬資本金，因此可發行與此等額的紙幣，也可另行發行。1915 年，該銀行發行的紙幣流通總額達 21,793,806 元。渣打銀行發行 5 元、10 元、25 元、50 元、100 元、500 元的紙幣。最高發行額度為 400 萬元，若將銀幣存放於香港政府，則發行量可超過最高額度。1915 年，該銀行發行的紙幣流通總額達 6,976,548 元。有利銀行也是將與流通額度等額的保證金存放於英聯邦代辦處，或向香港政府提供等額的銀幣，或是將等額的保證金、銀幣同時存放於上述兩處，即可發行與入賬資本等額的紙幣。1915 年該銀行的紙幣流通總值為 1,074,231 元。

第二節　金融機關

概說

　　香港的港口的出入船隻噸數堪稱世界第一，貿易額也達 5 億元以上。它不僅是東亞與南洋地區的貿易中心，也是歐美與東亞貿易的樞紐港口。香港由一個孤島及一面極小的半島構成，工業、農業方面發展受限，因此不需要在工農業方面投入固定的資本。隨著 5 億元貿易額的達成，金融機關的設置也是必然之趨勢。根據貿易所涉及的國家與地方以及從事貿易的人種，錯綜複雜的貿易關係由此形成，而金融機關也因此各具特色。香港地區的銀行，大致上可分為外資銀行與華資銀行兩大類。

一、外資銀行

　　1845 年 4 月，東方滙理銀行（Oriental Banking Corporation）在香港設立分行，成為當地的第一家外資銀行。該行 1847 年發行56,000 元紙幣，給當地商人提供了極大的便利。此後，其他外國銀行相繼成立，數量不斷增多。目前在當地設立總行與分行的外資銀行及其營業狀況如下表所示：

1. 香港上海滙豐銀行（Hongkong & Shanghai Banking Corporation）

總行所在地	香港
到賬資本金	15,000,000 元
累計準備金	34,500,000 元

　　該銀行在香港諸多銀行中信譽最高，最有勢力。1865 年香港

政府發佈滙豐銀行條例，根據該條例，1867 年設立了滙豐銀行。該行兼營儲蓄業務，並處理香港政府的國庫事務，其地位與作用就好比臺灣的臺灣銀行。政府賦予該行保護特權，准許該行發行紙幣。

該行成立之初業績並不顯著，但在開通蘇彝士運河，打開歐亞交通，促進東亞貿易的發展上發揮了極大作用，從而逐步成為支那的金融龍頭。除金融界外，該行還代表英國的經濟權益，參與各種銀團活動，投放日本與支那公債，通過怡和洋行等機關，積極活躍於鐵路投資等方面。

2. 渣打銀行（Chartered Bank of India, Australia and China，麥加利銀行）

總行所在地	倫敦
到賬資本金	1,200,000 鎊
累計準備金	2,000,000 鎊

該銀行在香港殖民地區內的信譽僅次於滙豐銀行，為促進東亞貿易發展的機關。英國一位極具實力的實業家在獲取特權後，於 1853 年成立了該行。該行擁有發行紙幣的特權。該行憑藉豐富的經驗以及牢靠的信譽，加之近來採取積極的方針，發展極好。儘管在東亞各港的利益與滙豐銀行多有競爭與衝突，但該行本著步調一致，不進行損害雙方利益競爭的原則與滙豐銀行謀求共同發展。

3. 有利銀行（Mercantile Bank of India）

總行所在地	倫敦
到賬資本金	562,500 鎊
準備金	700,000 鎊
成立	1892 年

有利銀行在當地業績不振，但在印度貿易上極為努力。印度鴉片的滙兌是該行的最大利益來源，但近年來也有減少的趨勢。

1911 年香港政府頒佈了有利銀行紙幣發行條例，根據該條例，有利銀行被賦予了紙幣發行的特權。

4. 印度支那銀行（Banque de L' Indo-Chine 東方滙理銀行）

總行	巴黎
資本	48,000,000 法郎
到賬資本金	12,000,000 法郎
準備金	50,000,000 法郎

該銀行是法屬印度支那地區內的特許銀行，獨佔了該地與香港、廣東地區間的金網絡。由於大米穀物進口而易產生單向滙率，因此該行大膽在廣東地區投資。

5. 萬國寶通銀行（International Banking Corporation 花旗銀行）

總行	紐約
資本金	6,500,000 元

累計準備金	2,563,000 元
成立	1901 年

　　該銀行代表美國資本家的利益，與美國關係尤為密切。該行在香港及廣東地區，事業發展極好。

6. 俄亞銀行（Russo-Asiatic Bank 華俄道勝銀行）

總行	彼得格勒 *
到賬資本金	55,000,000 盧布
累計準備金	30,157,172 盧布
成立	1910 年

* （編者按：彼得格勒，今稱聖彼得堡，在 1918 年 3 月 12 日之前為俄羅斯首都，現時仍然是俄羅斯第二大城市。）

　　該行除在東亞各港設有分行外，在西伯利亞也有多處分行，與東清鐵路一道，在支那北部以及以上海為中心的支那中部活動極為活躍，但受到來自滙豐銀行與渣打銀行的限制，並無顯著業績。在上海，該行對於當地的支那貿易商人來說是不可缺少的金融機關，享有極高聲譽。

7. 荷蘭安達銀行（Nederlandsch Indiasehe Handelbank）

總行	阿姆斯特丹
到賬資本金	35,000,000 盾
準備金	18,829,009 盾
成立	1863 年

8. 荷蘭銀行（Nederlansche Handel Maatschappij）

總行	阿姆斯特丹
到賬資本金	70,000,000 盾
準備金	31,590,545 盾
成立	1824 年

荷蘭安達銀行與荷蘭銀行均是按照荷蘭前國王的命令所設立的，與依照商法設立的普通銀行存在很大區別。此類銀行設立後不可立即在殖民地開展銀行業務，香港政府於 1907 年 6 月 21 日對上述兩家銀行頒發特別條例，自此兩家銀行才正式開展業務。荷蘭安達銀行在當地的業績不盡如人意，而荷蘭銀行在荷蘭屬印度地區及新加坡方面極為活躍。

9. 廣東銀行（Bank of Canton）

總行	香港
到賬資本金	2,000,000 元
累計準備金	440,000 元

廣東銀行是一位出身廣東的美國華僑所設立的。主要負責美國方面的業務，與香港也往來密切，但業務方面並無顯著成績。當地商人多為廣東人，因此支那人之間的商業業務更為興盛。該行還作為美國關係的貿易商組織——金山莊組合的重要金融機關，與萬國寶通銀行一道，齊心協力擴展銀行業務。

10. 中法實業銀行（Banque Industrielle de la Chine）

總行	巴黎
資金	45,000,000 法郎
準備資金	5,281,602 法郎
成立	1913 年

11. 橫濱正金銀行（Yokohama Specie Bank）

12. 臺灣銀行(Bank of Taiwan)

二、華資銀行

在香港，支那的固有金融機關主要有銀號、金舖與金銀兌換商店三種形式。其中，金舖不是直接的金融機關，它主要買進當地與外國金貨，製造並銷售金葉。金銀兌換商店散佈於市內各處，屬於兌換店，規模極小。唯有銀號才是當地支那商人間最為重要的金融機關。它受理一般銀行業務。當地支那商人中以廣東人居多，因此銀號也主要由廣東人經營。主要銀號有滙隆、天福、瑞吉、瑞光、明新、誠德、福利、安裕、永生、祥安、鴻德等，散佈於皇后大道、文咸西街及永樂街等地。這些銀號信用極高，除受理存款，擔保貸付外，還辦理香港與廣東之間沒有設置外國銀行的支那內地滙款事務，另還從事上海滙兌，外國滙兌的買賣。

第十七章　商業

第一節　商業機關

香港總商會（Hongkong General Chamber of Commerce）

　　1861 年 5 月在 Charles Wilson Murray 的提倡下，由在香港居留的外商設立了香港總商會。該商會以英國為本位，主要目的是監管商業的一般利益，保護商人的利害關係，收集有關商人利害關係的所有消息與報導，排除障礙，採取一切手段以謀求共同利益。

　　為方便商業往來，該商會按照相關規則，處理各會員間的紛爭，並對其執行仲裁。所有從事商業以及海運業的商會與商人，只要交納維持費即可入會。委員會由 1 名會長與 1 名副會長、5 名委員組成。每當有商業上的問題發生，政府都會先聽取總商會的意見。1884 年香港定例局提議從事立法的議員應從總商會選出。自此，當地總商會擁有了直接選舉定例局議員的特權並保留至今。1886 年該商會往在倫敦召開的英國各商會會議派遣了參會代表。當地具有實力的外商均加入了該商會。戰前該商會擁有個人會員 20 名，銀行、公司、商店等會員多達 130 所。一戰爆發後，德國、奧匈帝國公司大約 20 名會員全部被除名。日本公司會員中主要有三井物產公司、正金銀行、臺灣銀行、日本郵船公司、大阪商船公司、東洋汽船公司等。每年召開一次總會，報告事業成績，並將報告書印刷分發給各會員。辦公室位於香港皇后大道渣打銀行的樓上。

香港中華總商會（Hongkong Chinese Chamber of Commerce）

又稱香港華商公司。其目的是保護支那人在商業上的利益。為保障支那商人的利益，排除惡黨。如有法令頒佈，就立即向支那人解釋其要旨，使支那商人得以透徹理解其法理。政府在制定支那商人相關的規則時，該公司徵詢支那商人的意見，並以口頭或書面形式將他們的意見上陳。商業上若發生糾紛，該公司也出面仲裁和解。目前該公司擁有會員六百餘人。

第二節　零售市場

香港地區的零售市場除市內的十餘所，加上其他地方的，總共有 21 所。這些零售市場均屬於香港政府經營，憑藉資金租賃與一般商人。這些商人在衛生局獸醫官的嚴格管理監督下，銷售新鮮的食品。中央市場設立於 1895 年，設備極為完善，有獸肉、鳥肉、魚類、果實、蔬菜等各類銷售部。政府的租賃期限為數月或 1 年以上，租賃期超過 5 年的需要經過總督的許可。租賃 1 年的商人居多。

小販商人必須遵守市場規則，也必須維持市場內的衛生狀況。

除維多利亞城內、維多利亞港內、九龍，新九龍、筲箕灣、鰂魚涌及其他市外，村落等地不可隨意開設市場。市場內的商品除特許外，不可在市場外銷售。可在市場外銷售的商品如下所示：

一、米、麵包、牛奶、鹹魚、果子

二、生蔬菜、生水果、豆腐

三、獲得許可的街邊商人銷售的食品

四、獲得許可的小販居民在距海岸超過百碼以上的海上銷售魚類

五、獲得許可的飲食店、旅店、茶館裏銷售的食品

六、生獸肉以外的食品，雜貨商以及食品商銷售的食品

七、獲得許可的拍賣商人所拍賣的食品

1909 年 10 月 8 日香港政府公佈了市場內的食品處理以及相關禁止事項。

第三節　批發商

香港的商業交易主要分為兩大類。西洋行規為其中之一，主要是洋商與支那商人所遵循的商業習慣，與一般的交易並無差異。另外一種稱之為南北行行規以及九八行規 [36]，是當地支那批發商的日常交易習慣。這類批發商主要從事大件貨物的銷售，生意興旺，信用度高，資本豐厚，生意門路也極廣。

第四節　度量衡

一、尺度

1885 年香港政府規定，香港以一尺為計量單位，對照英國尺度計量方法，做如下規定：

| 單位一尺 = 英尺度 | 1.21875 英尺 ≈1.2258 日尺 |
| 單位一尺 = 英尺度 | 14.625 寸 |

36　南北行行規乃上環南北行公所所訂立的規條，於 1920 年始有明文規定。此前南北行各行商之間營商辦貨只以固有習慣，沒有特定的標準，易起紛爭，因此才有訂立行規的需要。至於九八行規，則為一些代客買賣或提貨之業務，代理人會抽佣金百分之二，故名。

英尺度一英尺＝香港尺度	8.2051 寸
英尺度一英寸＝香港尺度	6.838 分
英尺度一碼＝英尺度	2.46154 尺
香港一平方尺＝英尺度	約 1.48535 平方尺
香港一平方尺＝英尺度	約 0.165 平方碼
英尺度一平方英尺＝香港尺度	0.67324 平方尺
英尺度一平方碼＝香港尺度	6.09917 平方尺
香港尺度一立方尺＝英尺度	1.8102723 立方尺
香港尺度一立方尺＝英尺度	0.06705 立方碼
英國尺度一立方尺＝香港尺度	0.5524 立方尺
英國尺度一立方尺＝香港尺度	14.91488 立方尺

二、量

在港支那人使用的計量單位與英國的量值對比如下：

1 抄 =1 勺＝英國量	1.72 品脱
5 勺 =1 侖＝英國量	0.086 品脱 ≈ 日式 2.7 勺
2 侖 =1 合＝英國量	0.172 品脱 ≈ 日式 5.41 勺
10 合 =1 升＝英國量	1.72 品脱 ≈ 日式 5.41 合
10 升 =1 斗＝英國量	17.2 品脱 ≈ 日式 5.41 升
5 斗 =1 斛＝英國量	86 品脱 = 日式 2.70 斗

（生意場上均使用衡，而量的單位極少用。）

三、衡

在港支那人和外國人之間所使用的衡（貨幣除外）與英國衡對比如下。這種比值的規定與海關規定是一致的。

1 分 =0.0133 安士

1 錢 =0.133 安士

1 兩 =1.333 安士

1 斤 =1.333 磅

1 擔 =133.33 磅

（一擔的 1/5 稱之為一石）

第十八章　工業

第一節　概說

　　割佔香港後，砵甸乍爵士曾對從事支那貿易的英國人貿易同業工會說：在有一個絕好的機會將商品賣給支那商人之前，香港只不過是一個貨物安全保存的倉庫。事實上，當時香港惡性瘧疾肆虐，瘴氣充斥，不適合歐美人居住。加之海岸一帶崗丘連亙，土地貧瘠，只出產石材及少量農作物，而工業原料等產物極度匱乏，因此甚至有人提出放棄該殖民地。最初數年間，香港狀況正如砵甸乍爵士所預言的那樣。不過堅韌不拔的英國人，執意改善香港，嘗盡各種辛酸後，到 1880 年代，土木、衛生等諸多設施建設成效顯著，外來移居者人數不斷增加，製糖、製冰、紡織、水泥、造船等工業也陸續發展起來。但此處土地狹窄，地價極高，熟練的勞動力供給又不足，加之鐵、煤炭等工業原料只能依靠附近地區的輸入，因此如此諸多的不便，已開辦的企業也無法取得預期的成果。除四五家公司仍在艱難維持外，其他全部以失敗告

終。勞動者雖說沒有什麼技術觀念，僅在技師的監督下從事一些極為簡單的工作，但是隨著時間推移，他們的能力也慢慢得以提升，在指揮監督者的指導下已可以完成相當複雜的作業線了。隨著香港大學工科的發展，技術人才的培養也逐漸能跟上需求，加之鐵及煤炭等種類繁多的工業原料可以依賴從日本、美國等國家進口，當地工業發展的面貌由此煥然一新。現在有一部分人對香港的發展極為期待，認為它作為東亞一大商業基地的同時，將來可發展為一個工業中心。移居者也因此日益增多。這些人的看法未必是不切實際的囈語，不可對此一笑置之。

目前香港的各種工業當中，規模宏大、設備完整、作為一股新生力量發展極為突出的是造船業，製鋼、製冰、煤氣、電氣、煙草業等也都毫不遜色。1917、1918 年間主要的公司與工廠的造船能力如下所示：

年份	公司工廠	船隻數	總噸數	實際馬力
1917 年	太古船塢公司	4	8,919	5,850
	香港黃埔公司	7	14,954	9,400
	A King	9	112	96
	Sam Kee	3	42	56
	庇利有限公司	3	65	105
	合計	26	24,092	15,507

年份	公司工廠	船隻數	總噸數	實際馬力
1918 年	太古船塢公司	2	3,456	1,700
	香港黃埔公司	6	5,489	5,810
	庇利有限公司	6	150	200
	Kwong Tuck Cheng	2	1,723	900
	Lan Sum Kee	1	1,030	480
	合計	17	11,848	9,090

第二節　外國人企業

一、造船業

造船公司中最重要的是香港黃埔公司（Hongkong & Whampoa Dock Co., Ltd.）、太古船塢公司（Taikoo Dock Yard & Engineering Co., Ltd.）及庇利有限公司（Bailey & Co., Ltd.）。此外，另有麥當路行（Mcdonald & Co.），威林詩積有限公司（William C. Jack & Co., Ltd.）等英國人經營的企業及數家支那人經營的公司。

香港黃埔船塢公司

香港黃埔船塢公司是股份公司，已有五十餘年歷史。當初是由太古、鐵行、德忌利士 3 家公司合資成立的，現在所有的設備在九龍的紅磡、大角咀以及香港仔三個地方。有多處鐵工廠，工廠裏配有 6 個乾船塢及 2 個船架，各種造船機械、機關車以及鐵路運轉材料。該公司成立之初就極具實力，主要從事停靠船隻的修繕，小

蒸汽船的建造，規模十分可觀。數十年前，初次建造 2,000 噸位的河用汽船時，公司為之付出極大努力最終建成。此後，憑藉當局的勢力以及時勢的發展，公司能力逐年提高，尤其是歐洲大戰以來，其發展勢頭迅猛，就連英國本國都開始從該公司預訂標準船。這類標準船約 8,000 噸，雖不能與現代大船相比，但當時人們普遍認為公司是不可能造出來的。該公司受理了來自英國的造船訂單後，備受人們矚目與歡迎，發展前景應該非常廣闊。

該公司構成及經營如下表所示：

資本金	3,000,000 元
準備積累金	200,000 元
1915 年的總利潤	539,545 元
1915 年的純利潤	421,471 元
總部	Kowloon Docks, Kowloon. Tel. K. 55
分店	Queen's Buildings, Hongkong 20
總經理	Hon. Sir C. P. Chater
董事	Hon. Mr. S. H. Podwell A. S. Sorensen J. H. Wallace Hon. Mr. I. Johnstone G. W. Barton
總管	R. M. Dyer

太古船塢公司

太古船塢公司是 1908 年由太古洋行設立的，廠址位於距離維多利亞城東部 5 英里的鰂魚涌。該公司是為滿足英國海軍的需要而設的，擁有 1 個船塢，3 個船架。所擁有的造船用熔鐵爐以及諸機

械設備超過 20,000 噸。

庇利有限公司

1897 年由 Mr. W. S. Bailey 設立的。工廠位於九龍灣，當初只有建造 50 英尺小蒸汽船的設備。如今工廠用地擴展至 6 碼，與海岸相接的面積達 450 英尺，可建造 6 隻汽船。

工廠及事務所	Kowloon Bay Teleph. K 2
專務董事	W.S.Bailey
董事	Thos.Ramsay

麥當路行

該公司最初是以 Kinghorn & Macdonald 之名經營的，1903 年改至現在所用的公司名。工廠位於九龍，設備完善，擁有各種埠頭，可製造、修繕 200 馬力以內的汽船。工廠有 400 英尺與海岸相接，擁有可供 150 噸的船舶停靠的船架。主要從事建造木製及鋼鐵製的汽船及 50 噸以內的小蒸汽船。

事務所	Prince's Buildings, Ice House St.; Jeleph. 143
董事	Donald Macdonald Robt. Hunter D. D. Ozorio

二、製糖業

製糖業規模僅次於造船業。香港有三家精糖公司。一是太古精糖公司，二是呂宋精糖公司，三是支那精糖公司。

這些公司以爪哇或菲律賓的紅糖為原料，使用硫化法或骨炭過

濾法進行漂白精製，發展極好，能充分滿足支那市場的需要。產品以前也不斷供給日本，但近年來日本製糖業的發展以及爪哇白糖的盛產，這些公司的製糖業受到一定限制。不僅是日本方面銷路不暢，支那北部以及中部的銷路也逐漸減少，產量也因此減半，產出額僅有120萬至150萬擔。1911年及1912年，因臺灣糖收成不好，世界糖價暴漲等原因，該公司稍稍恢復了生機，但仍處於不振狀態。

太古精糖公司

該公司由太古洋行經營。其位於鰂魚涌的工廠擁有150擔的製糖能力，而全部工廠的一日平均製糖量為12,500擔，一年可製糖400萬餘擔。現在一日的製糖量僅約3,500擔。

資本金	5,000,000 元
所在地	Quarry Bay, Shankiwan Road
經理	David Templeton
副經理	H. C. Resker

呂宋精糖公司

該公司總部位於菲律賓。渣甸洋行是其總代理。1899年設立時的資本金為70萬元。總部也業績不振。

支那精糖公司

該公司由渣甸洋行經營，在東角及寶靈城³⁷設有工廠，各自擁

37　港督寶靈爵士在其任內計劃進行大規模的填海工程，由中環伸延至北角，但因遭到反對而擱置。雖然如此，在其任內亦有推行一項填海工程，就

有百萬擔的製造能力，朗姆酒釀造廠也包含在其中。工廠用地橫跨數碼，與碼頭相接，便於船隻的集裝與卸貨。1878 年創立當初資本金為 200 萬元，1915 年利潤達 52,430 元，純利潤總值為 32,430 元。

顧問	Hon. Mr. John. Johnstone Sir Paui Chater F. Maitland J. W. C. Bonnar G. W. Barton

三、製纜業

香港麻纜製造公司（Hongkong Rope Manufacturing Co., Ltd.）

該公司在香港諸工業公司中業績最佳，其股票價格之高也相當驚人。1884 年設立，由旗昌洋行（Shewan Tomes & Co.）經營，資本金為 60 萬元。工廠位於維多利亞城西部卑路乍灣，面積達 14 萬平方英尺，機械全部是美國製。目前一年可製造 600 萬磅麻纜。該公司有歐洲人技師與支那人職員共三百餘人，原料從馬尼

是將位於東角山（即利園山）以西，黃泥涌出海口的一片沼澤地填土作地，並名為寶靈城（Bowrington）。由於工程需要將黃泥涌的水流引出維港，故此亦在填海區中間建了一條運河，名為寶靈城運河，又名寶靈渠。運河兩旁的街道亦因而名為堅拿道（Canal Road），即運河之意。由於當時的華人覺得該段河道狀似鵝頸（馬場為鵝身，而河道由快活谷墳場區對出流向寶靈城，形似彎曲的鵝頸），因此亦將之稱為鵝頸澗，而寶靈城則稱為鵝頸區，亦有因之得名的鵝頸橋。1920 年代灣仔再進行填海工程，同時將寶靈城運河密封成為暗渠，而上蓋則成為公共空間、街市及遊樂場。現今已經沒有人會再以寶靈城稱呼該區，只會以堅拿道為分界，東面為銅鑼灣，西面為灣仔，而區內只餘下一條寶靈頓道作為紀念。

拉進口。產品銷往支那、日本、印度、海峽殖民地、澳洲等地，營業狀況極好。但由於爆發戰爭，原料以及運費暴漲，滙兌也漲價，與金本位諸國間的貿易受到極大影響。又因戰時對製纜產品的需求急劇減少，營業狀況由此變得極不樂觀。最近 7 年間營業成績如下表所示：

（單位：元）

年份	總利潤	純利潤	積累金	分紅
1906 年	120,860	107,398	61,000	2 成
1907 年	159,218	13,979	65,000	2 成
1908 年	/	/	/	2 成
1909 年	175,584	140,586	26,000	2 成
1910 年	178,447	127,144	13,000	2 成
1911 年	145,601	128,738	10,000	2 成
1912 年	139,771	125,471	17,000	2 成
1913 年	137,387	123,587	20,000	2 成

1913 年的資產表記如下：

（單位：元）

負債部分		資產部分	
資本金	600,000,00	土地工廠機械	14,420,000
積累金	26,000,00	儲藏品等	27,820,365
雜債務	14,210,66	保險費雜費債權	12,020,676
其他利潤	63,587,88	貸出款額	8,540,000
合計	703,798,54	存款及現金	7,558,822
		合計	70,379,854

顧問	Hon. Mr. R. G. Shewan G. W. Barton J. W. C. Bonnar C. Klinck

四、水泥業

水泥製造公司中有名的是青洲英泥公司。該公司於 1889 年在澳門附近的青洲設立水泥工廠，1899 年又在九龍與香港南岸深水灣創辦工廠。但深水灣工廠只有土管及磚塊的製造設備。青洲工廠每月產量 3,000 噸，九龍工廠則為 8,000 噸。水泥原料主要來自廣東省英德縣。1912 年廣東政府為保護官營的士敏土廠，禁止了水泥原料的出口，該公司不得不暫停營業。之後以高額的運費及出口稅從法屬東京的廣仁買進水泥原料。遠東地區水泥公司也逐漸增多，競爭極為激烈，弱肉強食，如今該公司的營業狀況已極為不振。

1915 年資本金為 400 萬元，準備積累金為 15,000 元，利潤為 382,500 元，純利潤為 223,800 元。

董事	Hon. Sir paul Chater Rew. Fr. L. Robert Hon. Mr, John. Johustone J. W. C. Bonnar

五、煙草製造業

捲煙草製造業由廣東南洋煙草公司獨佔。該公司由松本照南經營，此人本是廣東人，後歸化我國。自明治三十八年（1905 年）創立以來，此後十年間受到英美煙草公司的限制，經過努力拚搏才

取得了今日的發展。該公司有 19 臺捲煙機械，原料從美國輸入，產品主要銷往新加坡、爪哇、安南、暹羅。

東洋煙草公司由菲律賓人經營，總部設在馬尼拉。從菲律賓購買原料，出口葉捲煙草與紙捲煙草。

所在地	Mongkoktsni, Nathan Road .P.O.Box 69; Teleph. K 99
所有人	C. Ingenohl
經理	H. Sieling O. Stutz

六、製冰業

目前當地有一家製冰公司，即為香港製冰公司（Hongkong Ice Co., Ltd.）。英國在香港施政之初，冰主要是從北方引進然後在當地儲藏的。之後都鐸製冰公司（Tudor Ice Company）成立，開始從美國購買冰來滿足當地的需求。1874 年蘇格蘭人經營的香港製冰公司成立，買進製冰機械，開始嘗試製冰，成效極好。都鐸公司由此受到衝擊，不得不中止營業。1879 年渣甸洋行對其進行收購，並以 125,000 元的資金在東角設立工廠，正式開始營業。1913 年適逢東洋麥酒公司解散，香港製冰公司接管了其製冰部。製冰產品主要用於飲用及冷藏，營業狀況極好。

1907 年至 1913 年間的營業狀況如下表所示：

年份	總利潤	純利潤	積累金	分紅	後期轉存
1907 年	135,367	110,217	105,000	76%	2,578
1908 年	134,046	128,038	120,000	76%	7,616
1909 年	61,636	49,486	150,000	40%	12,662
1910 年	72,045	69,895	150.000	40%	20,558
1911 年	82,414	78,264	160,000	48%	23,822
1912 年	71,663	49,513	175,000	40%	8,335
1913 年	43,613	41,020	175,000	68%	2,356

該公司 1914 年底的貸借對照表如下：

負債部分		資產部分	
資金	125,000.00	土地，建築，機械	356,202.31
支付額	13,317.49	貸出款額	41,430.00
未支付分紅	4,195.000	收取款	7,370.28
渣甸洋行借款	80,000.00	冰、煤炭等儲藏	6,800.00
前期轉存金	8,335.68	保險金有效金額	194.65
本期利潤	39,020.24	現金以及存款	16,547.98
分紅	10,000.00	合計	436,064.72
合計	436,064.72		

七、紡織業

香港紡織公司（Hongkong Cotton Spinning, Weauing, Dyeing Company, Ltd.）是 1888 年渣甸洋行於銅鑼灣設立的。1901 年資

本金為 125 萬元，擁有梳解機 170 臺，始紡機 21 臺，間紡機 30
臺，製造紡錘 55,500 個，原棉從印度購買，產品主要銷往支那。
因當地缺少熟練的紡織工人，且勞務費較高，影響了原棉的購買
經費，加之經營不善，公司近年來業績不佳，最終將工廠全部遷
到了上海。

八、煤氣電氣事業

香港中華煤氣公司（Hongkong and China Gas Company,
Ltd.）的煤氣廠位於西角及灣仔。另外香港電燈公司的發電廠在灣
仔。該公司目前籌備在北角建立一個發電廠。香港市內燈火主要使
用煤氣與電力。開始使用電力是在 1890 年以後。

第三節　支那人企業

一、火柴製造業

隆記公司是香港頭號火柴工廠。由幾個支那人集資，在油麻
地設立了規模較小的工廠。從日本聘請技師，開始工業生產。最初
僅有二十五六罐，每罐 120 包的產量。之後不斷發展，工廠也由
油麻地遷到現在的九龍位置，一天產量最高可達 70 罐。外觀上遠
比不上日本產品，但品質卻相對較好，因此在支那非常受歡迎。資
本金為 30,000 元。

二、藤器工業

藤器工業與針織品業是支那人的重要手工業。香港市內與對
岸九龍一共有 250 戶家庭從事該行業。原料藤條主要從海峽殖民
地、爪哇等地買進，產品則銷往澳洲、南洋諸島、非洲等地。

三、煙草製造業

支那人經營的煙草製造工廠規模極小，數量卻有十三四家。原料主要從北海、鶴山、新會、南雄等地購進。外國煙草的輸入以及戰亂的影響使得該工業一時陷入困境。現在營業狀況朝持續有利的方向發展。

四、支那釀造業

1909 年香港政府開始徵收酒類輸入稅。支那的釀造廠家因此受損，當地的實業家則以此為契機，逐漸增加了產量。1913 年香港殖民地內的釀造總額達 121 萬升。產品大部分在當地銷售，出口的數額不足一成。

五、針織品業

當地針織品業是近幾年才發展起來的，是極有前景的一個工業。有約 15 家工廠，原料主要來自美國、印度、英國、日本等地，產品主要銷往上海、安南、菲律賓，新加坡等地。鞋子一年的生產總值為 5 至 6 萬打，襪衣約 10 萬打。將來會有更長足的發展。

六、肥皂製造業

德國公司 1896 年在筲箕灣設立一家工廠，主要生產軟肥皂、鹹肥皂、化妝肥皂、芳香肥皂。月產量為 180 萬磅。支那人經營的小工廠也有 6 家，主要生產品質相對較差的洗滌肥皂。

七、玻璃製造業

香港殖民地的玻璃工廠，歷史最悠久的是廣生行有限公司經營的。該工廠設立於 10 年前，廠址位於東部的銅鑼灣，主要製造

玻璃燈罩、化妝品瓶、糖果瓶、藥瓶等。

　　福惠公司在九龍有工廠，也有其他 8 個小工廠。主要製造玻璃燈罩、藥瓶、燈油瓶等。當地產品大多較粗劣，產量極少，廣生行與福惠的產品品質稍好，只要加以技術改進，本地的玻璃製造工業發展還是有希望的。

　　除上述各種製造業以外，支那人經營的企業中值得一提的還有罐頭業、豬油製造業、製革業、糖薑醃製業、製紙業、醬酒製造業、銀朱製造業、鉛粉製造業、製醋業、清涼飲料業、金屬品製造業等。

附圖　香港及九龍租借地全圖

參考書目

支那中部、南部地區外國人勢力擴張的手段《支那南部南洋調查》第 10 輯

支那中部、南部及其他地區的經濟收入《支那南部南洋調查》第 10 輯

支那新聞《支那南部南洋調查》第 10 輯

南洋殖民地的行政組織及員警消防——香港地區《支那南部南洋調查》第 30 輯

香港的金融機關《支那南部南洋調查》第 7 輯

臺灣、支那南部、香港、海峽殖民地地區歐洲戰亂及影響《支那南部南洋調查》第 8 輯

戰後支那南部地區列國貿易的消長及趨勢《支那南部南洋調查》第 33 輯

《香港事情》（外務省通商局編纂）

《南洋年鑑與信錄》

《香港事情概要》

Hong Kong Blue Book,1918.

Directory and Chonicle for China,Japan,192.0

Official Guide to Eastern Asia Vol.IV.

Statesman's Year Book.

Statistical Abstract for The United Kingdom in each of the last fifteen year from 1902-1916.

Who's who.

Thom's Official Directory.

Banker's Almanack.

Shipping World Year Book.

Whitakers Almanack 1920.

Eneyclopaedia Britannica.

Statistical Abstract for the British Empire.

Statistical Abstract for the Several British Self-Governing Dominions, Colonies, Possesions and Protectorates.

Educational System of Hongkong.

Report of the Harbour Master,1918.

Report on the General Post Office, Hongkong, for the Year 1918.

Report of the Superintendent of Prison for the Year 1918.

Report on the Botanical and Forestry.

Department for the Year 1918.

Kowloon-Canton Railway, Annual Report for 1918.

The Laws of Hongkong, 5 Vols.

Companies Rules.

Report of the Director of Education, 1918.

Medial and Sanitary Report, 1918.

Chinese Emigration Ordinance.

The life Insurance Co.Ordinance.

Liquors Consolidation Ordinance.

Code of civil Procedure.

Coinage Order's Conncil.

Ordinance of Hongkong.

Report of the Police Magistrate's Courts for the Year 1918.

Report of the Superintendent of Imports and Exports for the Year 1916.

Reinseh: *Colonial Government.*

Colonies and Colonial Federation.

Siburn:*Governance of Empire.*

Gardening for Hongkong.

Currey:*British Colonial Policy.*

Norton Kyshe: *History of the Laws Court of Hongkong,* 2Vols.

香港的工業

前言

本書主要內容出自在港帝國領事今井忍郎氏的調查報告。為更方便瞭解香港的工業狀況，經今井氏同意，將此書出版，以供參考。

大正四年三月

臺灣總督府殖產局

目錄

十四、銀朱製造業　生產量達 800 擔

十五、鉛粉製造業　生產量約 30 噸

十六、醋製造業　生產量達 0.8 噸

十七、清涼飲料　業績一般

十八、金屬器皿製造　業績一般

十三、醬油製造業

支那醬油類似日本醬油，但製法稍有不同。等量大豆、小麥、大麥混雜一起發酵，發酵好之後加入食鹽，再加入大豆三倍分量的清水，每日攪拌，約 2 個月後過濾溶液。據說這是現在最普遍的醬油製法。製醬油的罐子一般都置於室外院子裏，用竹製的蓋子蓋住，下雨天就被雨淋，絕不會搬進室內。當地有調珍、調源、田利、興隆、恒珍、調和等十餘家製造廠，其中三家還兼生產出口產品。產品主要輸往歐洲（去年輸往英國 5,800 箱）與美國。近年來往新加坡南洋方面的出口額有所減少，一樽 700 磅其價格約是 200 元。

十四、銀朱製造業

當地有 4 家銀朱製造廠。產品使用從日本引進的硫磺以及從歐洲引進的水銀，再通過採用支那人獨特的製造方法化合而成。主要銷往支那、日本、印度等東洋一帶。當地為自由港，與支那其他地方相比，原料的進口稅是可以免除的，且製品出口也佔有利地位，因此廣東方面的一些工廠紛紛轉移到當地。但近年來從德國進口的銀朱比當地製品便宜得多，受此衝擊，當地的銀朱產量有所減少。即使如此，當地製品仍很受支那人喜愛，獨特的鮮紅色更是德國製品無法比擬的。此外，德國製品容易褪色，這一致命缺點導致它迅速退出當地的銀朱市場。1909 年當地產額達到 830 擔，與數年前相比約減半，之後也有少量減少，但去年產量達 800 擔。需求增加，價格有所上揚，預示著該工業將有好的發展前景。

當地四家銀朱製造廠分別是：

總述

通商貿易歷來就是香港經濟的支柱，而其工業發展狀況卻不被看好。大多數人都忽視了香港當地的工業發展狀況，也極少記述相關情況。基於這點原因，遂決定於此大致闡述香港工業相關的諸多事項。

英國人佔領香港之初，瘧疾猖獗，42% 的軍人以及 10% 來自歐洲的居民都因此暴斃。瘴癘之地，土質貧瘠，終歸不適合歐人居住，也因此曾有人建議放棄這塊殖民地。但堅韌不拔的英國人想盡所有辦法努力改善當前狀況。到十九世紀八十年代，土木工程、衛生設施以及其他各種設備得以不斷改善，香港的發展也極為顯著。當時的總督德輔爵士在致英國政府的文書中，曾這樣講道：「香港殖民地無論物質或精神上的發展成效都已十足，能給來到此地的人如此強烈刺激的，除香港以外別無他處。此外，再無其他地方能如香港這樣使得英國引以為豪。」可以說這番言論並非妄言。英國人努力的結果大大增強了他們的自尊心，又進一步促進了企業的蓬勃發展。另一方面，縱觀當地地理位置，在煤炭及其他工業的原料生產上，香港接近支那、日本、馬來半島以及南洋各地富足的資源。在商品需求方面，英國人除了有有廣闊的商品需求空間的支那市場，還可以通過香港輕易將加工商品輸往上述其他地區。除此之外，英國人在香港又擁有豐富的資本以及勞動力資源，因此很多人都希望將香港發展成為一個商業與工業基地。而到十九世紀七八十年代，精糖、製纜、製冰、紡織、水泥製造等行業相繼得以蓬勃發展。

不過，香港土地狹小，加上土質貧瘠，除石材及少量的農產

品外，別無其他物產。工業原料也大多依賴於周遭地區，生產發展存在很多不便。土地狹小使得地價飛漲。生活費用極高，也使得勞資花費很大。加上氣候全年酷熱，又有濕氣影響，阻礙了一些工業的發展。諸如此類原因，或直接或間接地導致了當地工業的萎靡。曾被寄予厚望的企業中除四五成外，亦有兩三成則未能達到預期效果以失敗告終。這是當時香港工業發展的一個狀況。

如上文所述，香港的工業大致來說不能算是成功，且以既往預測將來的話，想把香港建成工業中心這一理想恐怕難以實現。但是，製纜、製冰等行業業績還不錯，造船、煤氣、電氣、煙草行業發展事態也都漸趨良好。無需悲觀看待這些行業，將來它們都會有長足發展。

以上主要闡述了外國人所經營的企業的狀況，而支那人經營的工業也隨著香港的發展而發展。它們大多屬於家庭工業，特別引人矚目的企業不多，但是將來能長足發展的也絕不止兩三家。

本文敘述香港工業狀況的時候將外國人經營的工業與支那人經營的工業分別對待，但為敘述方便起見，外國人經營的企業中也有兩三家併入到支那人經營的工業當中去。

第一章　外國人經營的工業

外國人經營的工業大多屬於大規模的新式工業，主要是屬於英國人的企業。行業主要有精糖、造船、紡織、水泥製造、煤氣、電氣、製冰、製纜等，其中與土地關聯密切的製冰、造船、電氣、煤氣以及製纜業取得了相當不錯的業績，其他則多以失敗告終。精糖、水泥製造業近年來都業績不佳，製粉、麥酒業則已經在當地銷聲匿跡，紡織業則不斷將工廠遷往上海。

下面是當地主要工業公司的分紅以及股票行情等的一覽表（頁152-153）。以供參考當時狀況。

一、精糖業

精糖業是當地的重要工業之一，主要由太古洋行（Butterfield & Swire）以及渣甸洋行（Jardine, Matheson & Co. 後名怡和洋行）兩大公司經營。兩大公司與工廠都極為保密，難以知曉其經營詳情，因此側重闡述其大要。

太古精糖公司[1]（Taikoo Sugar Refining Co., Ltd. 支那名為太古糖房）隸屬於太古洋行，在距市區東部約三英里的石切灣（Quarry

---

1　太古公司在太古船塢附近修建了太古糖廠及香港汽水廠，製糖和食品生產也成了十九世紀香港造船以外的一些周邊工業。太古糖業於 1881 年在香港成立，1884 年正式投產，把煉造的糖出口到中國內地和東南亞。二十世紀初，太古糖業已成為蘇彝士運河以東最大的煉糖廠，每星期生產 2,000 噸糖，足夠沖調 224,000,000 杯茶。1973 年，太古煉糖廠因應市場環境轉變而改為集中生產方糖，包裝及銷售各類糖產品，同時進行了重組工作，並將公司註冊名稱改為太古糖業有限公司。糖廠至 1970 年代後期才停產，原址發展成太古坊商業區。

公司	成立年份及組織變更	資本金	股份數	面額	支付總額	分紅率（百分率）1906年	1907年	1908年	1909年	1910年	1911年	1912年	1913年
支那精糖	1878	3,000,000	20,000	100元	全部	8	/	5	10	10	5	3	/
香港黃埔船塢	1866-1901	2,500,000	50,000	50	全部	24	16	16	3	21/2	4	/	6
香港紡織	1888-1901	1,250,000	125,000	10	同	5	5	/	/	/	/	/	/
Dairy Farm	1894	300,000	40,000	7.5	6元	不明	21.66	21.66	20	20	20.83	20.83	21.66
青洲水泥	1897	4,000,000	400,000	10	全部	20	12	9	71/2	4	11/2	/	/
香港電燈	1889	600,000	60,000	10	同	不明	10	12	12	12	14	16	18
山頂電車	1905-1907	75,000	25,000 50,000	舊10 新10	同1元	同	10	8	8	8	8	8	8
香港製水	1881	125,000	5,000	25	全部	同	76	76	40	40	48	40	68
香港麻纜	1883	600,000	60,000	10	同	20	20	20	20	20	20	20	20
中華電燈	1905-1907	300,000	5,000 5,000	5 1	同	6	/	/	/	/	7	/	/
Steam Farm	1902	100,000	20,000	5	同	8	8	8	8	10	10	/	/
香港電鐵	1904	81,250 325,000	5	同		/	/	/	/	1	/	71/2	121/2

股票行情		支那精糖	香港黃埔船塢	香港紡織	Dairy Farm	青洲水泥	香港電燈	山頂電車	香港製冰	香港麻纜	中華電燈	Steam Laundry	香港電鐵
1909年	最高	159.00	91.00	／	22.50	10.50	／	15.00	220	25.00	／	5.75	／
	最低	125.50	50.00	／	19.25	5.50	／	13.25	150	22.50	／	5.00	／
1910年	最高	177.00	70.00	6.00	19.25	7.50	21.00	15.50	180	22.50	6.50	5.50	／
	最低	124.00	50.00	6.00	16.50	3.25	19.50	13.00	120	18.00	0.90	4.75	／
1911年	最高	124.00	57.00	6.00	24.00	4.15	23.00	13.00	210	19.00	1.85	6.75	／
	最低	81.00	48.00	5.90	17.50	3.15	20.00	11.4	120	16.50	0.90	5.50	／
1912年	最高	118.00	59.50	8.25	23.50	5.00	24.50	12.50	217	20.00	2.25	6.25	／
	最低	100.00	43.50	4.75	20.00	3.25	20.00	10.90	190	17.00	1.20	志 3.50	／
1913年	最高	112.00	84.00	1.10	26.75	7.30	25.00	11.75	200	22.25	6.50	志 4.75	96
	最低	95.00	56.00	7.50	22.25	4.10	21.00	10.25	120	19.00	0.90	志 3.75	4.95
時價		75.00	54.00	7.253	35.00	5.25	35.00	10.00	175.00	25.00	4.00	4.25	85
備考		日曆年度	同	7月末結束的年度	同	日曆年度	2月末結束的年度	4月末結束的年度	日曆年度	同	7月末結束的年度	5月底結束的年度	日曆年度

Bay) 建有寬敞的工廠。工廠建於三十多年前，在倫敦都有登記註冊，屬於有限公司，但也是三四個資本家合資的組織，不公佈營業業績就無從知曉其經營詳情。但其資金足有 20 萬鎊，據稱公積金也曾一度達到 80 萬鎊，由此可以看出其經營業績還是相當不錯的。到明治三十四年、三十五年，業績已經極為突出，市場擴展至遠東地區，甚至還從我國輸入產品。我國製糖業也由此得以發展。直至近年，它被支那市場的銷路壓制，業績遂不如往年。但因其堅實的基礎，前景也並不那麼悲觀。究竟工廠實力如何，其詳情不得而知，但知道其一日可生產 750 噸，即一年有 24 萬噸的生產總額。現在的日產則為 210 噸。精糖業不振，主要是因為我國糖業的發展以及支那地區對爪哇白糖需求量的增加。

支那精糖公司（China Sugar Refining Co., Ltd. 中華火車糖局）由渣甸洋行經營。創立於 1878 年，資金 200 萬元，工廠分佈於市區東部灣仔以及汕頭的三個地方。

該公司也跟前述公司一樣，以前經營業績良好，然至近年受到日本糖與爪哇糖的衝擊，市場不盡如人意，1910 年損失了 47,000 多元，從分紅準備金中抽取 12 萬元，以每股 5 元的價格來分紅。翌年損失升至 223,000 元，同樣從分紅準備金中抽取 35 萬元來彌補損失，同時進行了每股 3 元的分紅。1913 年出現了 69,000 元的營業損失而無法分紅，累計損失達 46,000 元。種種跡象均可以察知該公司的萎靡。原本一日的產值約為 240 噸，即一年產值約為 840,000 噸。基於上述原因，公司業績低迷，現在的產值不過當時的 1/4。

下表為該公司近 8 年間的營業概況。

修理改良計提款	未分配利潤	分紅平均積累金	分紅率	準備金	純利潤	總利潤	
56,848	9,218	450,000	8%	345,741	128,419	167,595	1906 年
58,848	（損失）279,371	450,000	/	32,538	（損失）211,314	（損失）279,371	1907 年
56,848	5,858	450,000	5%	/	273,513	335,516	1908 年
43,620	8,090	350,000	10%	/	417,738	479,091	1909 年
42,526	22,730	520,000	10%	/	194,639	343,944	1910 年
38,872	4,183	400,000	5%	/	93,816	（損失）118,546	1911 年
36,618	19,795	50,000	3%	/	（損失）215,653	（損失）228,035	1912 年
33,315	（損失）49,264	50,000	/	/	（損失）6,825	（損失）69,060	1913 年

該公司 1913 年的借貸對照也如下表所示：（1913 年）

（單位：元）

負債部分		資產部分	
資本金	2,000,000.00	財產（二）工廠	1,509,289.03
平均分紅積累金	50,000.00	現金	560,650.00
修理改良計提款	33,315.09	原糖精糖儲存	1,985,695.76
保靈頓工廠變賣額	21,431.86	煤炭木炭船隻等	183,709.70
其他債務	2,215,811.41	其他債權	152,534.14

總計	4,320,558.36	委託貨物	439,504.76
		盈利	49,264.32
		總計	4,320,558.36

下面記載了前述兩家製糖公司的產品，其中 6 種是太古公司的製品，5 種是渣甸公司的製品。

太古精糖 H HX CX CW B(以上為細砂糖) BA（方糖）

渣甸精糖 S 紅 S 黑 AⅡ AⅢ（以上為細砂糖）AⅣ（方糖）

除此兩家公司之外另有呂宋製糖公司，其總部設於本地，同樣以渣甸洋行為其總代理店，工廠設在菲律賓。該公司業績也不佳，在此不展開闡述其經營詳情。

二、造船業

造船業是當地工業的主要行業之一。[2] 其中規模最大的要數太古

2　基於地利之便，香港成為遠東貿易樞紐，造船業亦成為香港最早工業之一。香港造船業早期是由英人創始，大型船廠亦由英人主持。在戰前，港九的大小造船廠，共約四十家，其中以海軍、太古、黃埔、卑利四船塢的規模最大。戰後上海造船技術人員來港增加，使香港造船業因而更蓬勃，其中以建造小型輪船、漁船及遊艇最為著名。故除了外商創辦的四大船塢外，1946年時已有四十多家華資開設的船廠。1951 年，全港八十餘家。不過華資除三兩家較大規模，其他都是小型，其中以設在深水埗、長沙灣、青山道海旁一帶較多，其次在筲箕灣、旺角、西灣河、香港仔、長洲等地。華資造船廠約可分兩類，一種是資金較雄厚的，但當然不能與四大船塢相比，它們設備較完善，可以修理或裝配一百噸以下輪船；另一種資金較少的，主要側重修理或建造木船。1938 年，因廣州淪陷內河船隻多逃到香港，多家小型華資造船廠冒現蓬勃時期，但戰後廣州及各地的內河船均告減少。1949 年後，中國大陸政權更迭，國民政府封鎖沿岸，航行於華北、華東的船隻銳減。在美國扶植下，日本造船業又漸漸復甦。原材料價格又上升，1949 年後，各

船塢公司 [3] 與香港黃埔船塢公司 [4]。其他公司中有三四家是由外國人經營，支那人經營的也有幾所。外國人所經營的公司列舉如下：

太古船塢公司 —— 英國人
香港黃埔船塢公司 —— 英國人
庇利有限公司 —— 英國人
麥當路行 —— 英國人
飛輪公司 —— 德國人
威林積有限公司 —— 英國人

國實施禁運，香港造船業大不如前。自 1955 年起，東南亞各地小型船隻多向日本及澳洲訂造，香港造船業經營日益困難。（華僑日報：《香港年鑑》，1951、1958、1959 各年。）

3　太古船塢於 1907 年啟用，位於港島東區鰂魚涌太古城現址，由太古洋行開設，為當時亞洲最大規模的船塢之一。1883 年，太古公司落戶鰂魚涌，把上址發展成工業區，開設太古船塢、太古糖廠及香港汽水廠。太古船塢一度僱用逾 5,000 名員工，擁有世界級設備，可同時停泊兩艘巨型艦隻，亦擁有大型熔爐。（Hong Kong Government, *Annual Report*, 1909, p.8-11.）1910 年代至 1971 年，太古船塢也兼營位於九龍尖沙咀九廣鐵路旁的藍煙囪貨倉碼頭。1970 年代，隨著香港造船業式微，太古船塢與黃埔船塢在新界西青衣合併成今日的香港聯合船塢，太古船塢原址則發展為住宅及商業區太古城。

4　黃埔船塢歷史悠久，於 1863 年由怡和洋行、鐵行輪船公司、德忌利士洋行等幾家船東創辦，以香港為基地，在紅磡設立船塢修理船艦，1870 年與紅磡的聯合船塢公司合併，成當時香港最大的船塢公司，手執香港修船和造船業之牛耳，造船技術和出產船隻的排水量皆與日本同業齊名。1900 年於黃埔船塢工作的工人數量便高達 4,500 人；在二十世紀初，船塢擁有 6 個乾船塢，僱用工人七千餘，及至 1939 年，黃埔船塢擁有一百噸的大起重機，及全港最大的水塢 3 個，可為大型船隻提供服務。1941 年，除了修理數百艘大商船及戰艦外，並建造了多艘巨型船艦，可說是日本造船業的亞洲勁敵。

香港黃埔船塢公司創建於 1866 年，之後資金不斷增加，目前擁有 250 萬元（5 萬股 50 元的股票），工廠設於九龍的紅磡，大角咀以及香港仔。備有 6 個乾船塢（最大一條總長 720 英尺，渠口寬 86 英尺，水深 30 英尺）與 2 個停靠船臺以及各種造船機械，擁有其他機械工廠、機關車、鐵道運輸材料等，還備有鐵工所。太古船塢公司伴隨太古洋行的創建，也成立於 1908 年。該公司位於距市區東部 5 英里的石切灣，是應英國海軍需求而建立的。面積 51 英里有餘，設備齊全，乾船塢總長 787 英尺，渠口寬 88 英尺，水深 34 英尺 6 寸，另有 3 個停靠船臺，造船用的熔鐵爐以及各種機械設備超過 2 萬噸。

根據政廳的調查報告，現將 1911 年之後 3 年間當地的造船數量、總噸數、馬力總結如右表（頁 159）。

除上述造船廠以外，也有不少由支那人經營的造船廠，他們主要是製造平底帆船舢板的小船製造廠家。根據 1913 年政廳的調查，支那人經營的造船廠主要有以下廠家。

香港仔	油麻地	尖沙咀	維多利亞市	香港市及其附近
20	6	2	9	
大埔	西貢	大澳	長沙	租借地
2	3	7	7	
	深水埗	紅磡	筲箕灣	香港市及其附近
	44	1	10	
		瀾涌	吉澳	租借地
		1	2	

談及香港黃埔船塢公司的經營業績，可以說該公司創立由來

	1911年			1912年			1913年		
	隻數	總噸數	馬力	隻數	總噸數	馬力	隻數	總噸數	馬力
太古	9	2.281	3.650	8	2.121	1.065	11	5.886	4.420
黃埔	13	552	703	6	923	1.275	9	3.304	4.700
庇利	8	206	413	15	491	486	15	306	509
參當路	5	50	173	3	197	218	／	／	／
飛輪	30	408	860	6	87	120	／	／	／
同興隆	1	55	250	2	50	180	／	／	／
廣福昌	／	／	／	3	665	585	3	220	385
威林積	2	45	48	／	／	／	／	／	／
深記	／	／	／	3	140	250	／	／	／
廣德興	1	210	192	1	91	110	／	／	／
廣協隆	／	／	／	1	27	76	／	／	／
廣德昌	／	／	／	3	548	846	6	1.493	2.406
祥記	／	／	／	1	34	79	3	140	250
廣怡生	／	／	／	5	206	1.301	6	380	720
廣利	／	／	／	1	76	102	／	／	／
廣協隆（有限公司）	3	76	76	6	250	575	6	558	1.002
合計	73	3.883	6.609	61	5.765	7.018	59	12.287	14.392

已久，獨佔了當地的造船修理行業，業績良好。1908 年太古船塢
公司成立，其規模大大超過黃埔船塢公司。為與太古公司競爭，黃
埔公司著手擴大第一船塢的建設，於 1911 年完工。由於工程耗費
大量資金，加上競爭者的出現，黃埔公司獨佔鰲頭的黃金時代已經
過去。公司的營業額只能維持原來的 20%，分紅率也逐漸減少。
1911 年辛亥革命的爆發也影響了其發展，分紅僅有 4 分。到第二
年，英國本國的造船業興盛發達，香港當地的業務儘管仍然繁忙，
但由於競爭激烈，最後反而損失了 10 萬元，分紅也不了了之。
1911 年 5 月香港黃埔船塢公司曾與太古船塢公司交涉，商定兩家
公司應該避免類似往年的有害無益的競爭，共同為促進香港的造
船、船塢以及船舶修理業的進步而努力。1930 年香港黃埔船塢公
司取得了近五年來未曾有的好業績，公司分紅也達到 6 分。由此可
知，香港黃埔船塢公司一度發展情況欠佳，但由於其基礎牢實，後
來再次迎來發展的好時機。尤其是巴拿馬運河開通之後，隨著當地
來港停泊的船隻增加，黃埔船塢公司的發展前景也和太古船塢同樣
值得期待。

下表總結近 8 年來香港黃埔船塢公司的營業情況：

（單位：元）

未分配利潤	分紅率	積累金	純利潤	總利潤	
400,933	24%	/	751,303	772,802	1906 年
441,442	16%	/	540,558	562,058	1907 年
387,078	16%	/	536,559	750,113	1908 年
132,765	3%	/	55,062	241,698	1909 年
137,291	4%	200,000	67,025	245,334	1910 年
149,591	4%	200,000	121,938	325,216	1911 年

40,911	/	200,000	108,679 損失	117,257 損失	1912 年
43,397	6%	200,000	192,485	449,838	1913 年

　　1913 年末的財產明細如下表所示：

（單位：元）

負債部分		資產部分	
資本金	2,500,000.00	船塢（三個）及建築	3,676,680.24
積累金	200,000.00	零雜債權	437,098.30
海上保險資本金	81,000.00	各種材料	1,176,756.90
零雜債務	2,315,439.68	合計	5,290,535.44
合計	5,290,535.44		

三、水泥業

　　水泥製造業[5]中數 Green Island Cement（支那稱青洲英泥公司）最為有名。20 年前該公司在東亞地區發展極好，各種土木工程建築業務繁多。支那、日本、菲律賓等地對水泥的需求量頗大，

5　歷史悠久的香港青洲英泥廠，也是最早在中國開辦的水泥廠之一，由於建築科技演變，水泥成了建造業最常用的材料，青洲英泥公司亦於 1886 年在香港成立，該廠的原創辦人是華商余瑞雲，廠址初設於地理位置鄰近澳門之青洲，及 1889 年再由英國商人參股接辦，1897 年始在九龍設廠。該廠生產的桶裝水泥品質頗佳，除在澳門銷售外，還遠銷外地；原料供應方面，最主要為英德石，原料多來自廣東英德的石料和澳門本地的河泥、山石等，每年可產水泥約十萬噸，供應混凝土及瀝青給本地及國內外。後來因英德石料被限制出口，以致原料短缺，只好停產。二十世紀三十年代遷到香港九龍復業。

促使該公司發展至鼎盛時期。1889 年由英國資本家設立，自此以後取得急速的發展，目前在九龍鶴園（Hok Un），澳門青洲 (Green Island)，香港南岸深水灣 (Deep Water Bay) 三地設有工廠。前兩個工廠製造水泥，深水灣工廠則只有生產導管、磚等的設備。水泥的生產水準情況如下表所示：

合計	澳門工廠	九龍工廠
	同	窰
23 個	7 個	16 個
同	同	一天
379 噸	105 噸	274 噸

即該公司擁有一個月約 87,275 樽，一年約百萬樽的生產能力。

該公司在發展最為鼎盛的時期，機器全開，一年的產值高達 80 萬乃至 100 萬樽。銷路極廣，支那南方地區自是不用說，銷往支那北方地區以及菲律賓、新加坡等地的產品也不斷增多。但最近數年業績不振，尤其是近一二年來，廣東水泥工廠不斷擴展業務，其產品在中國南方地區聲譽也極好。此外，東亞地區水泥工廠不斷興起，競爭極為激烈，大大地影響了以往的銷路。另外，自創業以來，西江方面就控製著石灰石原料的供給，石灰石大都輸往澳門以及香港的工廠。自大正元年（1912 年），廣東政府禁止對石灰石的採掘，且不再出口石灰石，原材料因此十分匱乏。後來從廣安方面採購石灰石，繼續營業，但運費極高，與之前廣東方面的石灰石輸入相比，價格上處於劣勢。之後欲通過廣東英國總領事與北京英國公使的斡旋，謀求廣東方面解除對石灰石採掘的禁令，但屢次交

涉未果。該公司決定不再顧慮交涉結果，自謀出路，購入輪船通過海運運輸石灰石，也採取其他多種補救措施，但就目前情況來看，該公司前景發展仍然堪憂。

該公司原本擁有 150 萬元的資產，1906 年增至 200 萬元，翌年又增加 400 萬元 ，一股 10 元，分為 40 萬股，全部投入，共有股東 765 名，董事會下屬英商新其昌洋行，其經理人獲取總出售額的二成，如前所述，該公司營業狀況不佳，追其原因，主要有以下幾點：

一、一味擴大資本，但經營策略未得到改善。

二、需求減少。當地工程建設的竣工以及來自廣東水泥工廠方面的激烈競爭。

三、難以獲取原材料。

現將數年內的營業報告歸納如下表：

（單位：元）

分紅率	積累金	純利潤	總利潤	年份
20%	910,000	322,084	509,722	1906 年
12%	11,000	395,273	535,170	1907 年
9%	12,000	359,678	512,441	1908 年
35.5%	13,000	301,543	516,594	1909 年
5.5%	14,000	76,355	292,888	1910 年
4%	14,000	247,214	357,163	1911 年
／	14,000	123,064	258,877	1912 年
／	15,000	102,241	129,067	1913 年

對比三年內水泥以及陶管類銷售量，有如下資料：

陶管銷售量		水泥銷售量	
1913 年	1911 年	1913 年	1911 年
12,251 元	9,396 元	116,815 元	347,766 元
1912 年		1912 年	
12,420 元		246,456 元	

如上表所示，該公司近年來營業不佳，純利潤顯著減少。於是當年 4 月該公司股東大會上會議長如此談到：「我社在 1913 年起用了 9 個窰，而產量約為正常水準的半數，雖然在品質與價格的競爭中不遜於其他商品，但若不在原材料上下些功夫，我社的發展前景將是一片黯淡的。」而後深水灣工廠業績良好，磚以及陶管的銷售也取得了驕人的成績。該公司的經營狀況由此可見一斑。

下為 1913 年該公司的資產與負債對照表，以供參考：

（單位：元）

負債部分		資產部分	
資本金	4,000,000.00	澳門工廠	353,924.48
積累金	15,000.00	香港工廠	2,008,320.41
香山銀行超額預支	33,579.70	深水灣工廠	163,969.81
零雜債務	78,731.01	原料、製品、材料	173,846.03
餘額	102,241.71	輪船、蒸汽船	281,273.46
合計	4,229,552.42	廣東所有財產	10,000.00
		零雜債權	186,960.30
		現金存款	551,257.93
		合計	4,229,552,42

當前水泥的價格為：

純量　375 磅　一樽 4 元 25 分

　　　　250 磅　一樽 1 元 75 分

四、麻纜製造業

香港製網公司 (Hongkong Rope Manufacturing Co.,Ltd. 香港麻纜公司) 成立於 1884 年，工廠位於城市西部，是以英商新其昌洋行的金成鐵壁為依託的工業，到 1908 年資本金已達 50 萬元，同年增至 60 萬元 (6 萬股 10 元的股票)。工廠總面積達 47,672 平方米，機械全部為美國製造，目前一年產量高達五六百萬磅，擁有歐洲技術人員數名，中國職工二百餘人，原材料主要來源於馬尼拉，能生產出周長為半吋至 12 吋 (能承受 50 噸的強大拉力) 大小的產品，種類多達三四十種，主要銷往支那、日本、印度、海峽殖民地、澳洲等地，營業狀況極佳，一直持續二成的紅利分成。最近二三年來，馬尼拉麻料價格上漲，多少影響了產品的銷路。到去年幾乎所有原材料價格都翻倍，產品價格也不得不相應地有所上調。價格上揚最屬害的時候，消費者更多地購買使用麻以外的纖維製造而成的低廉網製產品與網絲繩，需求量由此減少。若這種不利條件持續存在，純利潤也將減少。

該公司基礎牢固，尤其佔據極為有利的地理位置，因此繼續保持著與以往同等水準的紅利分成，無需悲觀看待此公司的發展，它將來必是前景頗好的企業。

該公司 7 年間的營業情況大致如下表所示：

分紅率	積累金	純利潤	總利潤	年份
20%	61,000	107,389	120,860	1906 年
20%	65,000	138,979	159,228	1907 年
20%	同	同	不明	1908 年
20%	20,000	140,586	175,584	1909 年
20%	17,000	127,144	178,447	1910 年
20%	10,000	128,738	145,601	1911 年
20%	13,000	125,471	139,771	1912 年
20%	26,000	123,587	137,287	1913 年

1913 年該公司財產明細也簡單如下表所示：

（單位：元）

負債部分		資產部分	
資本金	600,000.00	土地、工廠、機械	144,200.00
積累金	26,000.00	儲藏品等	278,203.56
零雜債務	14,210.66	保險金、零雜債權	120,206.76
未分配利潤	63,587.88	投資額	85,400.00
合計	703,798.54	存款及現金	75,588.22
		合計	703,798.54

目前產品價格情況如下所示：

一等品　周長 0.5 吋 -1 吋　　純量 1 磅　35 分　　9 折價格

　　　　周長 0.3 吋 -15 吋　　同　　　33 分　　9 折價格

二等品　周長 0.75 吋 -15 吋　同　　　20 分　　同

五、煙草製造業

捲煙製造業僅有廣東南洋煙草公司（Canton Nangyang Tobacco Co.）一家。[6] 該公司由松本照明經營，此人本是廣東人，後歸化於我國。自明治三十八年創立以來，約十年間依託於英美煙草公司 (British American Tobacco Co., Ltd.) 的輸入。雖受到來自「三炮臺」、「大英」、「老刀」等洋煙的激烈競爭，但經過努力拚搏仍取得了今日的發展。目前在古田技師的指引下不斷擴大經營，擁有捲煙機械 19 臺，原材料由美國進口，男工約 60 人，女工約 400人，平均每月的產量為 1,000 捆（每捆裝有 5 萬支），與二三年前相比，產量增幅高達二倍。產品主要銷往新加坡、印尼、越南、泰國等南洋一帶，結合上述地區在留支那人的需求以及廣東，香港方面的需求，產品主要是面向支那人的低廉紙捲香煙。商標主要有六種，如今銷路最好的有三種，如下所示：

6　在戰前香港，從事捲煙製造業的廠家主要有 1905 年由廣東南海人簡照南、簡玉階兄弟創立的南洋兄弟煙草公司，旗下出品的「白鶴」牌香煙更遠銷至南洋一帶，但不久後，因不敵英美出品，生產一度停頓，及 1909 年才復業，改名為「廣東南洋兄弟煙草公司」，生產「紅雙喜」香煙，先後在上海、香港、漢口等地設立分廠，並開辦錫紙廠、印刷廠和製罐廠，更在煙葉產地設烤煙廠，銷售機關遍佈全國及東南亞各地；據估計，在 1927 年實有資本近 2,000 萬元。1927 年以後，在外國資本與國內競爭雙重壓力下，公司營業衰退，1928 至 1930 年出現連續虧損。

此外，本港還有十多家由外國人經辦的小型香煙工廠，他們都是從中國內地及珠江三角洲進口煙草。戰前中國內地與香港煙草製造業競爭激烈，戰後香港煙草製造業才開始有較大的發展，香港有六家香煙廠，英美、香港、美聯、華盛頓、南洋等，男女工人約 1,600 名，經過不斷改良，本地香煙品質逐漸追上舶來香煙。1950 年代，採用美國煙葉加料配製香煙，香煙價廉物美，銷場因而拓展，以澳門為出口銷場第一位，其次是寮國、北婆羅洲、馬來西亞等地。1960 年代起香港香煙也開始銷往國內。

雙喜印　10 根裝　4 分

氣球印　10 根裝　3 分

馬印　　　20 根裝　4 分

對岸九龍的旺角咀有東洋煙草公司 (Oriental Tobacco Manufactory)，支那名為東方煙廠，是菲律賓人經營的。總公司在馬尼拉，並從馬尼拉輸入原材料，主要生產葉捲香煙，也生產少量紙捲煙草。有關該公司的其他詳細情況則不得而知。

六、製冰業

目前當地有一家製冰公司，即為香港製冰公司 (Hongkong Ice Co., Ltd.)，支那名為香港雪廠。該公司自 1880 年成立以來，取得了長足的發展。英商渣甸洋行是其總屬經理人，工廠位於城市東部，擁有 125,000 元的總資本金。在此之前，當地設立了東洋麥酒公司，1909 年前後該公司拓展製冰業為其副業，頓時競爭激烈。兩社曾商議將價格定為 1 磅 1 分 5 厘出售，但翌年 8 月份未能達成協議，麥酒公司於 1912 年在九龍以 1 磅 5 厘的低價拋售，在澳門甚至賣出了 1 噸 8 元的價格，表現了強硬的競爭態勢。1912年、1913 年麥酒公司的利潤已有所減少，最終在麥酒業慘遭失敗。1911 年末之後停止酒品釀造，只維持製冰生產。1912 年 8 月決定公司自由解散，並在去年將工廠賣給了馬尼拉。同年該公司在製冰生產上仍具一定的競爭實力。總經理人與馬尼拉方面交涉，希望能繼續承接製冰生產。通過 4 月以及 6 月兩次臨時總會，將資本金增至 37,500 元（1,500 股 25 元的股票），收購了馬尼拉方面的製冰機械。製冰主要用於飲用以及冷藏，貨物主要供給商船及香港市內，澳門地區也有輸出，業績頗佳。麥酒公司破產後，它成為香

港唯一一家製冰公司，獨佔整個市場。

現將該公司 1907 年以來的營業業績情況展示如下表：

（單位：元）

後期未分配利潤	分紅率	積累金	純利潤	總利潤	年份
2,578	76%	105,000	110,217	135,367	1907 年
7,616	76%	120,000	128,038	134,046	1908 年
12,662	40%	150,000	49,486	61,636	1909 年
20,558	40%	150.000	69,895	72,045	1910 年
23,822	48%	160,000	78,264	82,414	1911 年
8,335	40%	175,000	49,513	71,663	1912 年
2,356	68%	175,000	41,020	43,613	1913 年

該公司上一年度的財務報表簡單如下表所示：

（單位：元）

負債部分		資產部分	
資本金	125,000.00	土地、建築、機械	356,202.31
預備積累金	176,196.11	小蒸汽艀舟	7,519.50
支付額	13,317.49	借出額	41,430.00
未支付分紅	4,195,000	回收款	7,370.28
渣甸洋行借款	80,000.00	冰、煤炭等儲藏	6,800.00
前期未分配利潤	8,335.68	保險金有效金額	194,65
當期利潤	39,020.24	現金以及存款	16,547.98
中間分紅	10,000.00	合計	436,064.72
合計	436,064.72		

七、電力和煤氣事業

下面主要記述電氣以及煤氣事業相關的大事。

1889 年，香港電燈公司 (Hongkong Electric Co., Ltd.) 以 600,000 元的資本金成立，英商劫行洋行 (Gibb Livingston & Co.) 是其代理店。工廠位於灣仔。

該公司設立當初，當地的電燈事業已被煤氣公司獨佔了，因此消費者相對較少，以致公司發展較為緩慢，公司成立頭 6 年紅利分成為零。隨著消費者逐漸增多，1896 年實現五成分成，此後分成不斷增加，最近更是上升至 0.18 的比率。由此可知該公司近年來業績頗好。據股東會的報告，1909 年新增 24 架升降機，85 個弧光燈；1910 年消費者增多 991 人，電流增多三成以上；1920 年消費者增多 1,200 餘人，電流增長幅度多達 35%，電流需求越來越大。該公司意識到必須要擴大工廠規模，因此最近新購入了土地以擴大工廠，並增設了兩臺石油發動機。

現將該公司近 6 年間的營業狀況報告如下：（該公司的財政年度從 3 月份開始至翌年 2 月份結束）

（單位：元）

分紅率	積累金	純利潤	總利潤	年份
12%	/	158,720	167,977	1908-1909 年
12%	/	171,790	174,790	1909-1910 年
12%	/	186,524	195,733	1910-1911 年
14%	/	232,601	240,266	1911-1912 年
16%	30,000	134,198	257,225	1912-1913 年
18%	60,000	200,005	254,220	1913-1914 年

資產與負債對照表如下：（本年度 2 月末）

（單位：元）

負債部分		資產部分	
資本金（六萬股十元的股票）	600,000.00	機械	649,005.88
積累金	50,000.00	土地建築物	105,000.00
零雜債務	18,654.84	貯藏材料器具	55,625.61
分紅未請求金額	11,376.43	傢具	1,030.53
淨利潤	366,044.97	保險金	1,700.00
合計	1,056,076.24	零碎債權	160,587.41
		存款、現金	83,126.81
		合計	1,056,076.24

中華電燈公司 (China Light & Power Co., Ltd.) 成立於 1901 年，目前總資本金達 25 萬元，協旺、托馬斯商會是其總代理店。公司在九龍紅磡設有工廠，主要在九龍經營業務。九龍方面的發展也意味著總公司的發展。但該公司九龍方面的發展不如預想中的那麼好，近年來業績也不盡如人意。1906 年至 1907 年間分紅為零，零分紅率狀況此後仍一直持續。據 1911、1912 年的報告，該公司業務拓展緩慢，消費者增加了 1.56%，電流也增長了 3.68%，收入隨之增多了 1.8%。到 1912-1913 年度，消費者又增加 2.1%，電流收入的增加約超過 6%。1913-1914 年度，消費者增多 29 人，電流增加 2.4%。通過該報告可知當時該公司的發展狀況。

最近 5 年間的營業情況如下表所示：（該公司財政年度始於 7 月，截止於 6 月）

積累金	分紅	純利潤	總利潤	年份
/	/	5,138	88,825	1909-1910 年
48,000	7%	89,443	100,823	1910-1911 年
48,000	/	233	13,638	1911-1912 年
/	/	2,466	15,413	1912-1913 年
/	/	6629	25,058	1913-1914 年

本年 7 月末的財產清單：

（單位：元）

負債部分			資產部分	
資本金	特殊股票 （1 元 5 萬股）	250,000.00	土地	30,360.00
	普通股票 （5 元 5 萬股）	50,000.00	建築物、機械	184,994.78
零雜債務	10,305.09		電線	56,525.59
淨利潤	25,058.24		材料	33,434.43
合計	335,363.33		保險金	216.76
			零雜債權	17,928.71
			現金、存款	11,903.06
			合計	335,363.33

　　香港電車公司 (Electric Traction Co. of Hongkong Ltd. or Electric Co., Ltd.) 成立於 1904 年，在倫敦註冊，成立當初擁有資本金 325,000 鎊，到 1910 年減少至 81,250 鎊，其代理店是協旺、托馬斯商會。市內電車包括城市西部到東部銅鑼灣的複線與到賽馬場的支線，以及銅鑼灣到香港東段筲箕灣的單線，平地電車路線總長 14 英里半。近年業績良好，分紅率達到 1.25%。該公司近 7 年

間的營業狀況如下表所示：

（運送人數以外的數據都以鎊為單位）

後期未分配利潤	分紅率	純利潤	總利潤	運送收入	運送人數	
530	/	530	9,700	42,352	8,564,055	1907 年
286	/	286	9,506	36,923	7,936,378	1908 年
586	/	586	10,032	39,514	7,938,540	1909 年
8,557	/	8,557	17,738	43,078	8,512,322	1910 年
3,918	/	14,361	23,347	45,027	8,709,346	1911 年
7,127	17/2%	19,302	30,664	52,246	9,123,147	1912 年
7,479	12/2%	19,848	30,203	同	不明	1913 年

山頂電車總公司（Peak Tramway Co.,Ltd.）的前身是成立於 1885 年的香港高地電車公司。後者破產後山頂電車總公司承接了其業務，於 1905 年重新組合為新公司。該公司由漢弗列斯商會全權負責，當時的資本金總計 750,000 元，到賬金額為 300,000 元。該公司經營有名的纜車，它是從平地直達高度將近 400 米高地的山頂電車，總長為 293 米。從該公司成立以來，居住在山頂的居民增多，使得公司業績良好，每年保持 8% 的分紅率。從下表可知該公司近 5 年來的業績狀況。（該公司財政年度從 4 月開始到 3 月末結束）

未分配利潤	積累金	分紅率	運輸收入	純利潤	總利潤	年度
2,204	20,000	8%	97,513	36,809	100,420	1909-1910 年
1,833	20,000	8%	96,957	32,819	100,065	1910-1911 年

（接上）

3,402	20,000	8%	98,116	36,568	44,193	1911-1912 年
1,350	32,000	8%	98,970	24,947	42,666	1912-1913 年
2,242	44,000	8%	99,225	36,891	44,634	1913-1914 年

該公司本年四月末資產與負債對照表如下所示：

（單位：元）

負債部分			資產部分	
資本金	10 元 25,000 元	10 元 50,000 元	軌道	230,595.29
	250,000.00	50,000.00	建築物、土地	35,981.29
積累金	44,000.00		電運輸工具	27,226.00
未分配利潤	2,030.00		傢具	500.00
零雜債務	44,440.25		材料	996.55
淨利潤	38,242.10		零雜債權	41,493.33
合計	428,712.35		存款、現金	91,919.89
			合計	428,712.35

　　支那日本電話公司（China & Japan Telephone & Electric Co., Ltd.）是唯一經營香港市內以及九龍地區電話事業的公司，營業狀況未曾公佈，因此詳情不得而知。近年來使用電話的人數越來越多，而該公司作為獨門生意，從這一點也可推知該公司發展頗好。該公司 1906 年從政廳獲得 25 年的電話設置權，從而開始營業。目前消費群體香港地區約有 1,890 人，九龍地區約有 250 人。電話

使用費為 1 年 10 鎊。

香港煤氣公司（Hongkong & China Gas Co., Ltd.）於 1862 年以 13 萬鎊的資本金在倫敦成立。在電燈公司成立以前，該公司壟斷了市內的電燈事業。工廠設立於城市西部，1892 年在香港九龍也設立了分工廠。隨著 1889 年電燈公司的成立，該公司對電燈事業的壟斷時代也告終。但該公司成立也有一段歷史了，且其業務覆蓋整個城市，所以相比之下仍佔有利地位。另一方面，電燈公司也沒有表現出強勢的競爭態度，因此目前該公司同時經營電燈、煤氣燈等業務。該公司未曾公佈營業業績報告，因此其詳情不得而知，但也推知該公司總體發展良好。

八、紡織業

香港紡織公司（Hongkong Cotton Spinning, Weaving & Dyeing Co., Ltd.）是支那南部唯一一家紡織公司。[7] 它由渣甸洋行經營，

7　1899 年，香港出現首家紡織廠，怡和洋行在港島掃桿埔創設香港紡織公司 (Hongkong Cotton Spining, Weaving Dyeing Co.)，規模龐大，廠內有紗錠 55,000 支，並從印度進口棉花作原料，但因經營欠善，難與歐美及上海產品競爭，勉強經營了幾年後倒閉。二十世紀初，因市場需求增多，多家紡織廠在港成立，貨品銷售至上海及華北。及 1922 年，第一家手織布的紡紗廠在香港建立，[王賡武主編：《香港史新編（上冊）》（香港：三聯書店（香港）有限公司，1996 年），頁 373。] 主要出口到印度和中國內地。（Hongkong Government, "Annual Report", 1910, p. 11.）20 年代以後，織造業不斷發展，到了 1931 年，香港大小織造廠的數目已增至 400 家以上，是戰前香港最主要的工業；[劉蜀永：《簡明香港史》（香港：三聯書店（香港）有限公司，1998 年），頁 187。]1939 年，出口產品中，以紡織品為最大宗，紡織廠僱用的人員有 5,800 多人，多是婦女。戰後，由於南洋市場對於棉織品的需求急增，香港的織造業盛極一時。在香港織造業繁榮時期，多家紡紗廠也相繼建立，當時有大南棉紗廠、香港棉紗廠、偉倫棉紗廠、南洋棉紗廠等。（華僑日報：《香港年鑑》，1948 年。）

1888 年配備了 16,000 個紡錘。工廠設置於城市東部的掃桿埔。為謀求公司的進一步發展，1901 年實行改組，籌集資本金 125 萬元，增加 5,000 個紡錘，採用印度和支那的原棉，產量達到 10 捆甚至 20 捆。產品主要銷往支那中部、北部以及南部地區。但由於難以引進具有熟練技術的工人，人工費頗高，加上原棉購入困難，經營不善等原因，近年來業績發展並不理想。該公司自 1909 年以來，一直持續著零分紅的狀況，1911 年甚至停產 10 個月，翌年將約 10,000 個紡錘賣給上海渣甸洋行，經濟狀況得以改善，公司繼續營業，產量約達 140 捆。1912-1913 年略有收益，但其實只不過是結轉損失額有所減少。從各方面看該公司在紡織業都處於極為不利的地位，將來也難以有發展的前景，公司內部也有人提議將機械轉移到上海。此年 4 月的臨時股東大會決定將該公司轉移至上海，在楊樹埔新建紡織公司。機械的轉移則將於此年年底至明年 3 月實行。（參照通商公報第 140 號）

現將該公司的營業狀況表紀如下，以供參考（該公司財政年度從 8 月開始到 7 月末結束）。

（單位：元）

後期未分配利潤	分紅率	積累金	分紅平均積累金	純利潤	總利潤	年度
14,269	5%	/	110,000	5,109	9,284	1906-1907 年
9,553	5%	/	不明	23,356	不明	1907-1908 年
26,297	/	/	20,000	25,734	29,506	1908-1909 年
損 28,893	/	/	20,000	損 55,190	損 55,293	1909-1910 年

損 167,389	/	/	20,000	損 138,547	損 167,398	1910- 1911 年
損 212,969	/	/	20,000	損 41,352	損 45,603	1911- 1912 年
損 117,779	/	/	20,000	105,76.5	159,244	1912- 1913 年

4 月份股東總會上議長發表演說，說明了將公司移往上海的諸原因。先將其大要摘記如下，藉此也可探知紡織業不適合在當地發展的緣由。

1. 對比上海怡和工廠與香港總公司兩個紡織業的營業業績。

1911-1912 年（上海）平均每錘 4 元 22 分的利潤

（香港）零利潤

1912-1913 年（上海）平均每錘 6 元 11 分的利潤

（香港）平均每錘 1 元 73 分的利潤

兩公司營業業績大相徑庭。香港公司業績不良與外國人技師的能力並無關係。再多加監督，也難以取得更好的業績。

2. 熱氣重，多濕氣，非常不便於紡織機械操作。與上海相比，香港公司所有的員工人工費偏高，但技術熟練度不夠高。

3. 原料全部靠進口，尤其是使用上海方面的原料，除棉花價格外，還需要支付包裝費、運費、出口稅等眾多款額。

4. 未來支那將對關稅進行修改，支那進口稅將增加，由此一來，雖難斷言支那內地的工業是否能夠實現收支平衡，但可以確信上海方面的利潤將增大。

九、附記　以失敗告終的麥酒以及製粉業

麥酒與製粉業兩大工業的發展概要如下表所示，以供參考：

東洋麥酒公司（Oriental Brewery Co., Ltd.）於 1908 年以 50 萬元的資本金成立。在對岸荔枝角建設了工廠，一年生產 1,400 萬升麥酒，還擁有日產量為 130 噸的製冰機械。為擴大銷路，在廣告上投入了大量資本金。1910 年取得了相當驕人的成績，但香港地區競爭品種眾多，尤其是根基牢實、品質優良的德國麥酒。另一方面在價格方面又遭遇日本酒這一勁敵，因此銷量不太理想。加之生產費用以及販賣花銷極大，副業製冰業也因香港製冰公司的發展而備受打擊，到 1912 遂決定解散公司。釀造機械也經由去年的拍賣會轉手給馬尼拉的買家。製冰機械則在今年 6 月賣給了香港製冰公司。

香港製粉公司（Hongkong Milling Co.）於 1906 年以 100 萬元的資本金成立。工廠位於 Junk Bay，主要原材料為小麥，由美國進口。翌年 1 月開始營業，一日產量可達 8,000 袋，是一個極有發展前途的企業。但開機運轉僅一年的時間就逐步走上破產的道路。原本該公司是由兩三個資本家集資投建的，幾個股東商討股票上漲的策略，開業時間不足 3/5, 分紅率就為零，這是導致失敗的最大原因。因無力購進小麥，經理人又苦於經濟狀況突然自殺，公司由此破產。機械（原價 23 萬元）於 1917 年 7 月中旬全數賣給神戶鈴木商店，後改建為大里製粉所。

第二章　支那人經營的工業

支那人經營的工業主要為手工業。以支那人特有的家庭工業為主。機械工業目前只有針織品業、製紙兩家，其發展業績也不可

小覷，尤其是針織品製造業、藤細工業等。此外還有玻璃、火柴、清涼飲料、化妝品、豬油、罐頭、煙草、支那酒、醬油、醋、鉛粉、銀朱、砂糖、泡薑等產品。產品主要供給當地支那人，或是到南洋地方務工賺錢的支那人。

一、火柴製造業

隆記公司經營著唯一一家火柴工廠。[8] 工廠現位於九龍，曾位於日本，七八年前在一個支那人的領頭下由數名支那人共同集資成立。公司從日本聘請技師，全採用日本的工廠模式，先在一處民居設立小規模的工廠，機械和其他所有材料也都依賴於日本，由此開始營業。最初僅有二十五六罐 120 包裝的產量。之後不斷發展，並將工廠由油麻地遷到現在的位置。最盛期一天生產 70 罐，其產品是象印太軸安全火柴，外觀上遠比不上日本產品，但品質卻相對較好，在支那人中非常受歡迎。職工有 170 至 180 人左右，原材

8　香港火柴業歷史悠久，約 1898 年前後開辦的九龍「隆記」是香港首家火柴廠。1939 年，汕頭民生火柴廠創辦人王永銘斥資 10 萬元，創辦了香港火柴廠，出產「香港」及「抗戰」牌火柴。太平洋戰爭期間，日本製造的火柴曾廣銷華南。戰後，本港火柴業復員，劉鴻生的大中國火柴廠、香港火柴廠、昌明火柴廠、東興火柴廠、大光火柴廠等相繼成立，僱用員工約一千人，火柴業最大的市場為星馬、印度、爪哇、泰國等地。在太平洋戰爭期間，運銷外國的火柴，曾與日本火柴出現激烈的市場競爭，勢均力敵。戰後火柴業的營業情況大不如前，因為戰後交通仍未恢復，原料來源有限，故產量不多。戰後，美國進口火柴又與香港火柴競爭劇烈，到 1949 年，美國的剩餘物資在市場上慢慢消失，香港的火柴業才能恢復。（華僑日報：《香港年鑑》，1948、1949 年。）第二次世界大戰前後，1937 至 1951 年期間，為火柴工業光景最好的時期，不但在本港，在出口市場也佔有重要地位。此後轉走下坡，出口市場萎縮，再加上同業競爭激烈，銷售困難。因此 1957 年底，香港火柴業實行聯營，以應付時艱。

料大多從日本進口，僅藥品依靠德國供給。近年其產值達到 2,000 至 3,000 箱。該公司是南支那最為古老的火柴工廠。廣東省內則有吉祥、永安、義和、廣中興、大和、文明、老怡利、巧明等火柴公司。數年來支那興起了振興本土產品熱潮，藉著這股熱潮，該公司一年產值達到 3 萬箱左右。

二、藤器製造業

當地的藤器製造業歷來是支那人的重要手工業。[9] 香港島有從業

9　藤器工業在本港有悠久歷史，早在 1902 年，香港已有首家藤器廠；港府紀錄所見，在 1910 年代，原材料細藤的進口額便達到 1580 噸之多，大小工廠數十家 (Hongkong Government, *Annual Report,* 1910, p. 11.)，產品以藤椅為主，材料主要為海草和麻類植物，出口到中國、南洋、澳洲、南非等。另有以海草及麻製造的藤椅出口到印度、丹麥及美國。(Hongkong Government, *Annual Report*, 1909, pp. 8-11.) 從業者大概可分為五個環節，沙藤入口商、藤心與藤皮批發商、廠商、織造工人及出口商。藤器工業的出品，可分為藤織傢俬與藤織筐籃兩大類，但亦有少數編織藤蓆者。在上述兩大類中，80% 是藤織傢俬者，織造藤筐籃者只佔 20%，因此，經營前類的廠商規模較大，後者多為小規模或家庭式的生意。港製藤器品類繁多，件頭的傢俬和女裝手袋外銷最流行外，還有狗籃、小車、雀籠、字紙簍、花盆支架、酒籃、汽車廂內坐墊等。

估計 1950 年代初，香港有大小工廠 200 至 300 間，每家平均有工人 10 名，藤器編織完成後，然後送交廠商集中進行外銷，但不少編織藤器的工人皆是領取原料回家編織，論件計工，在各徙置區中，很多居民依靠編織藤器為生，故藤器外銷生意的盛衰亦影響不少香港市民的生計。所以工人總數遠超政府統計數字。港製藤器以外銷為主，其中以藤椅為大宗，外銷至美國、澳洲、加拿大、非洲、英國等各地。香港藤器製品式樣新又價廉，故銷路甚廣，在與日本及菲律賓同業競爭之下仍具優勢。戰後，除藤椅外，也出產新興的顏色塑膠手袋筐籃，廠商廢棄了傳統的款式，採用新式樣，製作傢俬、手提籃，加入 PVC 軟膠以增加美觀及耐用性。但由於香港同業競爭劇烈，利潤微薄，人工偏低，工人數目漸趨下降，尤在美國鋁質及五金傢俬興起後，藤傢俬外銷下滑，新入行的藤具工人亦漸減少。(華僑日報:《香港年鑑》，1958、1959、1961 各年。)

者 260 戶，九龍方面有 30 戶。1913 年，原材料細藤的進口額達到 1,588 噸。其中六成來自海峽殖民地，三成來自爪哇，餘下一成來自婆羅洲，總進口額中再輸往日本的額度也很大。原材料主要用於當地（以及廣東）各類椅子的製作。製作的普通藤製安樂椅、庭院用的椅子大量銷往東洋各地。近年對澳洲、南洋諸島、非洲等地的出口也有所增加。尤其值得注意的是，該工業擁有去除丸藤表皮，只用藤心來製作椅子和行李類用品的工藝。藤心製行李雖在外觀上比不上我國柳製行李，但相對比較結實，且價格便宜四成，因此我國柳製行李工業遭受打擊。另外，該工業數年前又發展出一種使用海草以及麻絲來製作傢具的藤器製造工藝，其產品不僅在當地銷量極好，更銷往印度、丹麥以及美國等地。

三、煙草製造業

該工業有 13 至 14 個小工廠，均由支那人經營。原材料從北海、鶴山、新會、南雄等地購進，主要從事面向支那人的捲葉煙草以及刻煙草的生產。工廠一時曾增至二十五六所，但在外國煙草公司進口的紙捲煙草面前仍顯得束手無策，近三四年來明顯境況不佳。前年，由於受國內革命影響，內地煙葉收成不佳，原材料價格飆升，當地各家工廠均有虧損，該工業前景發展堪憂。但去年狀況又有所好轉，支那人的需求也有所增加，產額與上年相比增加了約三成，總的來說這一營業狀況有利於持續發展。

四、罐頭製造業

該工業有財記、廣美珍、奇香棧、新德隆等 9 家罐頭製造商

家。[10] 主要有荔枝、龍眼、梨、枇杷、冬筍、鳳梨、楊桃、花生等果實為主的產品，此外還生產花生糖、香蕉糖、杏仁餅等蜜餞糖果。此外，在澳門、廣東生產的產品也非常之多。除在當地銷售外，產品還銷至支那北部、新加坡、越南等其他支那人工作的地方。前年因戰亂，加上土匪橫行，廣東方面的產量有所減少，香港當地的產業也受到一定影響。但去年又恢復了景氣，進口額有所增加，當地各製造商經營狀況持續良好發展。

五、支那釀造業

支那酒類繁多。在香港當地生產的酒大部分是以米為原料，以米、豆粉、赤土、桂葉等為發酵材料，配上梅、橙、薔薇等的果

10　在戰前，香港及廣東地區的罐頭食品業已頗具規模，除了本地銷售外，還遠銷到中國內地及海外華僑社區。（Hongkong Government, *Annual Report*, 1909, pp. 8-11.）1910 年代，有 3 家本地工廠從事罐頭食品業，除本土銷售外，（Hongkong Government, *Annual Report*, 1912, p.13.）香港製造的罐頭還出口到緬甸和新加坡等地。（Hongkong Government, *Annual Report*, 1911, p.11.）其中，又以生產黃豆罐頭為大宗，[劉蜀永：《簡明香港史》，（香港：三聯書店（香港）有限公司，1998 年，頁 192-193。）] 當中以淘化大同較著名；淘化大同的前身淘化在 1908 年於中國福建廈門成立，除釀製豉油外，也兼營牛奶業務；1928 年，淘化大同正式於香港成立，設廠製造豉油。1954 年，淘大在香港九龍牛頭角覓得大塊土地興建工廠，設立「淘大工業村」，除食品製造工廠外，還設有託兒所和員工宿舍等設施。1957 年，淘大將業務拓展至汽水業，生產綠寶橙汁，並一度擁有百事可樂等七種品牌的汽水飲品代理權。1950 年代初，罐頭食品廠約有八九家。其中以淘化大同、信隆、祥發、大陸、東方、福建等廠較具規模，食品製作多以人手處理，鐵罐製造則全用機器；食品原料方面，以蔬菜、水果、白糖、肉類、海鮮、黃豆等為主。當時全業資本約 1,000 萬元，僱用男工約 400 人，工資普通為 150 至 200 元，女工約 900 人，散工為多，主要銷往南洋及歐美各地，但自 1950 年起，因各國限制入口，尤以菲律賓之禁運影響最大，本港罐頭食品出口大受打擊。（華僑日報：《香港年鑑》，1952 年。）

實，釀製出各種名酒。此外，加入支那人特有的藥材釀造而成的藥酒在支那人中的銷量極好。當地（租借地除外）有 7 個釀造廠，1909 年，當地政府開始徵收酒類進口稅，支那方面的釀酒業由此處於不利位置，當地工業則因此得益不少，產額逐漸增加，加上租借地的產量，1910 年總產額達到 800,000 克。1911 年革命爆發，由於支那地區的進口減退，產量又激增至 1,100,000 克，1912 年上升至 1,154,360 克。其中大部分在當地銷售，出口量不足一成。普通支那酒的零售價格為每斤 7 分，最貴價格為每斤 40 分。

現將 1913 年該殖民地區內的支那酒釀造總額及其詳情表紀如下：

（單位：克）

年末庫存額	製造醋所用額	製造腐乳所用額	出口額	預售額	地方消費額	本年釀造額	
18,878	110,893	41,279	71,654	32,950	516,232	791,886	香港及新九龍
/	932	209	16,209	12,070	192,856	222,299	租借地（香港消費用）
/	/	/	/	/	203,476	203,476	租借地（租借地消費用）
18,878	111,845	41,488	87,862	45,020	912,567	1,217,661	總計

六、針織品製造業

當地的針織品製造業是最近幾年發展起來的，是極有前景的

工業。[11] 目前規模不大，稍大的工廠有 5 個，小規模工廠也有 10 個。製品主要是襪子、貼身棉質衣料、襯衣等。每年的生產總額當中，襪子 5-6 萬打，襯衣類約 10 萬打。南支那（在廣東附近以及澳門有十幾個工廠）的產額約佔 7 成，產品主要在南支那銷售，在上海、越南、菲律賓、新加坡等地也頗受歡迎。貼身棉質衣料方面，除維新製造局外，其他的營業狀況均不佳，襪子生產則獲益頗

11　香港針織業到二十世紀二三十年代才開始發展，此前也有個別的針織品工廠出現，出產如襪及內衣等製品。（Hongkong Government, *Annual Report*, 1909, pp.8-11.）到二十年代，數目漸增，如維新製造局，利民興國織造有限公司、利工民織造廠等，（劉蜀永：《簡明香港史》，頁 188。）利工民於 1923 年在廣州創辦，創辦人為馮藹如，後於香港設廠，其出品有金鹿、籃鹿、光華及秋蟬羊毛內衣等。二三十年代，該廠生產的秋蟬汗衫、鹿牌線衫風行華南和港澳地區。除了暢銷珠江三角洲一帶，在海外華僑社區中亦頗受歡迎。戰後，全港大小針織廠約有五百家，全業分為笠衫類、織襪類、匹頭類、線轆類、漂染整理類等，行內設有華商織造總會，為香港最大工業團體之一；規模較大者首推周藝興、嘉綸、利工民、藝生、棉藝、冠全球、大興、民元、全新等廠家。外銷以笠衫、背心及襪類為多；原料分為毛、絲、棉、麻四種，銷場以英鎊區域為主（如南洋），由於特惠稅關係而較為暢旺。泰國、印尼兩地去貨最多，英國、非洲、新加坡、菲律賓、緬甸、婆羅洲、南美洲、中東均有銷路。而毛巾業在針織中獨樹一幟，全港約有五六十家，毛巾機約二千臺，男女工人約二千餘人，出品有浴巾、面巾、餐巾、珠被、毛巾布等。全年可出產毛巾約一百萬打，浴巾三十萬打，營業總額值約一千餘萬元。規模較大者計有八達、中興、中國、五羊、民興、永華、用行、富華、榮新等廠。出品十分之八銷往南洋，本年營業狀況良好，銷往印尼、泰國、新加坡。但二次大戰後，東南亞民族工業冒起，當地政府紛紛實施外滙限製或高關稅保護，香港針織品外銷往東南亞越來越少，加上中國大陸針織品輸入印尼市場，印尼向香港訂購針織品更一度停頓，使香港針織品銷往東南亞生意深受影響。資金較短絀的廠家經營困難，很多針織廠不能經常開工，很多針織廠因而結束，機械賤價出售。另一問題是出品創作性少而摹仿性多，出口產品大多花式相同，造成海外單價偏低。自 1950 年代後期，中國大陸毛巾暢銷香港及南洋各地，港製產品於是轉向英國、非洲及中東，希望展拓市場。（華僑日報：《香港年鑑》，1952、1953、1956、1959、1964 各年。）

多。日本產品的進口也因此受到限制，進口額逐年遞減。工廠多使用美國以及英國製的機械，並由美國、英國、印度、日本等地的工廠提供原料絲。總之，除了維新製造局，襯衣類的製造也還很不成熟。襪子製造則取得相當好的發展。外國製品的進口減少，可以預見針織品業將在未來取得更長遠的發展。此外，當地工業儘管規模不大，但都使用較新式的機械，工廠配備了毛燒機械、蒸壓機等先進器械。產品包裝時也仔細挑揀出劣質品，注意物品的一致性，因此產品品質極好。這都是我國同業者應該注意的地方。（明細參考於通商公報第 103 號）。主要工廠如下所示：

維新製造局　香港銅鑼灣　（英國人以及支那人合資，英商謝旺托馬斯商會負責經營）

廣新製造局　香港對岸油麻地（支那人合資，資金 10 萬美元）

金星織造局　香港對岸尖沙咀（由一個支那人經營，資金約 6 萬元）

利民興國織造公司　香港對岸油麻地（支那人合資，資金 10 萬元）

華洋織造局　（同上，資本 8 萬元。前年燒毀，工廠新建中）

七、豬油製造業

當地有數家豬油製造商。一年生產 20 萬至 30 萬頭豬的豬油量，年產量約達 180 萬擔（編者按：一擔相當於 50 公斤）。其中大部分輸往馬尼拉，新加坡以及當地的消費額也不小。三四年前的 1911 年初，馬尼拉開始對進口的畜產物質量進行嚴格的管制，以當地豬油製造法不合乎美國以及菲律賓諸島的「純食物法則」為由，不再允許豬油的進口。豬油產出量也由此有所減少，當地製造

商家遂將製造廠搬遷至屠宰場附近，開始在屠宰場監督官的監督下生產豬油。菲律賓諸島的官員們後來也承認這種做法是符合「純食物法則」的，在獲得監督官的證明書之後豬油才得以再度輸往馬尼拉，生產額也再度提高。這類製造廠中，有大部分還生產罐頭類的乾肉類產品。

據政廳調查，1912 年間獲得上述生產證明書出口到馬尼拉的豬油總量是 120 萬磅，乾肉類產品總量也達到 8 萬多磅。1913 年兩者總產量共增加 3 成左右。下面將列舉主要製造商：

香港製造豬油臘味公司	香港堅尼地城
兆祥	香港滙興里 4 號
益生	香港修打蘭街 4 號
榮德	香港弓弦巷街 32 號
兆隆	香港德輔路 396 號

八、製革及製靴業

當地有七八所支那人的鞣革皮廠，生產出來的皮革品質極差。不過數年前一改經營方針，先將南支那生產的生皮集中到當地，以在檳榔嶼產出的特種樹皮（此前多輸往海峽殖民地）為鞣革，生產出優質的皮革，再將這些皮革輸往南支那。[12] 隨著能滿足

12　香港的製皮工業歷史悠久，早在 1904 年，已出現一家頗具名氣的南華皮具廠。及 1910 年代，香港有 8 家本地皮革廠（如大東皮革廠）。香港的皮具廠運用日本的五倍子製革；另有不少份皮革從中國內地運到香港，再轉運海峽殖民地，那裏有適合的樹皮，把皮革鞣好後再運回香港。偶爾商人也會把皮革出口到意大利。（Hongkong Government, *Annual Report*, 1910, p.11.）香港及海峽殖民地皆是以生產女裝鞋及軍裝鞋為主，兩地競爭越趨激烈，但

南支那各地需求的產品逐漸增多，當地的鞣革業漸趨衰勢（從日本引進的五倍子也應用於當地皮革製作工藝中）。辛亥革命爆發後，支那人對西洋式的靴子需求明顯增加，對男子、婦女、軍隊用的洋靴材料的需求量也極大，當地製革的對外出口額因此大量增加（從當地輸往支那的皮革總額為 1 年 8 萬元）。但當地製品質量不佳，始終敵不過外國製品及檳榔製品，即使需求量激增，因受到來自競爭商品的壓力，產品逐漸退出市場。當地製革業前途極不樂觀。

至於製靴業，當地有一家大新製靴公司，1908 年由一個德國人與支那人以 10 萬美金的資金始創，從美國、德國購置機械，逐步開始營業，但業績不佳，經過數次改組，後獨歸一個支那人經營。恰逢辛亥革命爆發，南支那對洋靴的需求激增，公司以此為

馬來西亞的出品質量較參差。（Hongkong Government, *Annual Report*, 1912, p.13.）戰前又有製皮鞋廠（如步陞等）。

二戰時香港製革工廠已經具有相當規模，大小製皮廠有 22 家，工人達七百餘，每年產量可製成各種皮革五十餘萬張，銷售至南洋及國內上海、廣州、汕頭、廈門各地。規模最大有華記皮廠。到 1950 年代末，皮鞋海外市場開拓，全港大小皮鞋工廠共有四百多家，大多是「山寨廠」，承做各國軍警用品、女裝便鞋、高跟鞋等。

1950 年代，製皮業之貨品，以各色面皮、皮帶皮、裏皮、機器用皮帶、各種底皮、皮箱皮、京皮為主。主要之銷場除香港外，還有華東、華北、臺灣、南韓、馬來西亞、印尼、東非等地區，主要原料有鉻皮硝、紅礬、硫化石、硫酸、樹皮糕、各種皮料及生皮，生皮來自華中、華南、泰國，顏料來自歐美各廠。但 1950 年代，國內生皮禁止出口，生皮來源減少，引致生產成本提高，而國內的製皮業亦對香港皮廠構成市場威脅。另港製皮鞋未能繼續拓展外銷市場，其中主因乃在於款式無法跟上時代，缺乏創造性的產品，大多只是模仿抄襲外國產品，家庭式操作。而且中國內地又有大量價廉皮鞋輸來香港，本地產品難與之競爭。（華僑日報：《香港年鑑》，1951、1953、1965 各年。）

契機，逐步走上正常發展軌道。全盛期一個月總製造量達 15,000 雙，產品廣受支那人好評。隨著需求量的減少，粗製濫造現象嚴重，信用度大打折扣，導致損失慘重。又受歐洲戰役影響，公司不得不解散。目前從事製靴以及販賣的日本商店除櫻商行以外，另有四家商行，全部是手工業製品，製品價格稍貴但也頗受外國人喜歡。月製造量合計 600 雙左右。

九、肥皂製造業

德商普拉克黑特商會於 1896 年在當地東部約 6 里的筲箕灣設立一個工廠，開始生產肥皂、蘇打、化妝品以及其他化學製品。該廠主要生產肥皂和蘇打，前者月產量 180 萬磅。該廠還結合當地需求，生產出軟肥皂、鹹水皂、化妝皂、芳香皂等，產品也輸往北支那地方。最近兩三年間業績不振。除這家工廠外，另有幾家由支那人經營的小規模工廠，香港有 2 家，對岸油麻地有 4 家，生產劣質的洗滌肥皂，供給在當地生活的底層支那人，產量不大。今後除非技術能得以發展，就目前來看，支那人的肥皂製造業前景並不被看好。

十、糖薑業

該類產品是支那著名的出口產品，由香港輸往海外的生薑及砂糖年出口額達到 360 萬至 420 萬擔。當地有 15 家製造廠，其中有數家是由廣東搬移過來的。受辛亥革命以及砂糖價格飆升的影響，營業業績不盡如人意。去年恢復景氣，製造額增加 2 成，有 3 家製造廠更擴大規模，產品開始輸往海峽殖民地、蘭領印度、英領印度、美國等地。

十一、玻璃製造業

　　玻璃工廠中，歷史最為古老的要數廣生行有限公司經營的工廠了。工廠十餘年前創辦於城市東部的銅鑼灣。著名的福惠公司的白沙湖（九龍稅關三門支署的東部）工廠因地區不穩定，也於 3 年前搬移至九龍。此外，香港市裏另有 8 個小工廠，原材料從新安縣（編者按：位於今深圳市南山區）平海方面購進，又使用當地收集起來的玻璃碎片，都是小規模生產。產品主要有玻璃燈罩、化妝盒、果子罐等，多為粗雜物品，產量極少。廣生行、福惠兩家，產品品質相對較好，若能進一步改善，該工業在當地的發展前景甚好。廣生行歷來生產香水、香油、磨齒粉等化妝品，其玻璃製造工廠也生產配套的容器，但自身的製造額已滿足不了需求量，遂逐步從日本進口。

　　除當地外，廣東也有三十餘所小規模的玻璃製造工廠。主要生產玻璃燈罩、藥瓶、油壺等。目前當地已對國外玻璃燈罩的進口加以限制了，若香港、廣東的玻璃產業進一步發展，必將影響我國玻璃製品的銷路。我國同業者應該加以防備。

十二、製紙業

　　香港島南岸的石澳有一家製紙工廠，它由大成製紙公司（大成機器造紙有限公司）經營。於 1891 年創辦，使用英國進口的新式機器，具備一夜產額達 9,000 磅的生產能力。原料破布頭從南支那收集而來，其他材料主要從英國購進，產品銷往支那內地，也有少量輸往海峽殖民地及南洋地區。1909 年工廠運轉約半數的機械，職工約 100 人。1910 年以來銷路暢通，工廠不斷發展。

永吉　香港伍輔道（編者按：原文如此，當為德輔道）256 號

人和　香港文咸街 77 號

大興　香港南北街 71 號

大益　香港永樂街 117 號

十五、鉛粉製造業

當地有隆記等其他五六家鉛粉製造廠，原料主要使用澳洲鉛，採用支那獨特的製法。在土中設置爐灶，倒入當地所製的醋，再放上木槽，木槽需多重放置，中間嵌入鉛薄板，從外部密封，約過 3 周，用木炭起火持續從底部加熱，裏面的鉛薄板逐漸酸化，鉛粉由此而製成。產量最高一年可達 30 噸，廣東也有一二家類似的製造廠，原材料價格約為 13 元 1 擔，鉛粉價格為 15 元 6 至 15 元 7 分。產品主要銷往南支那，長江流域、北支那方面需求量很大。將來支那人若智力發展，更注重衛生方面，對此類產品的需求應該會減少。現如今支那人主要將這種白粉用於化妝，並滿足於這種狀態，但這類舊式工業以後大概會消失。

十六、醋製造業

前述支那釀造業中也有兼製醋的廠家，規模較大的製造廠有 7 家。1911 年產量為 0.85 噸，次年為 0.83 噸。去年業績不佳，產量有所減少。產品主要用於支那人調製料理，也用於前述的銀朱製造工業。大部分在當地消費，基本上沒有出口。

十七、清涼飲料

當地屈臣氏商會（屈臣氏藥房）另設有清涼飲料水製造部，製造工廠位於城市東部的銅鑼灣。大規模生產蘇打水以及其他夏季

清涼飲料水。該商店自創立以來已有七十餘年歷史，是內外信譽度極好的藥店，其製造額雖難以知曉，但當地市場上的蘇打水均是當地所製，可知其額度非常大。除了當地，也銷往廣州、汕頭、廈門等地。另外廣生行、安樂水房、威建汽水、源和洋行、北路多答路商會等也生產蘇打水、碳酸飲料，產品源源不斷供給當地市場。歐洲及日本進口的礦泉水以及碳酸飲料則難以開拓市場。[13]

十八、金屬器皿製造

金屬器皿的製造也均是小規模生產，基本上都屬於支那人的家庭手工業。工廠數量不多，香港有銅器製造廠 22 家，對岸油麻地及深水埗有 24 家。主要生產家庭用品，拜神祭祀用品等，多銷往泰國以及南洋地區。其他金銀器皿製造廠，香港有 105 家，對岸有 13 家，鐵器製造廠香港有 78 家，對岸有 40 家；錫器製造廠香港有 61 家，對岸有 3 家，均不是重要的工業，在此不再贅述。

13　飲料方面，還有如 1906 年成立的安樂汽水廠，其出品各種汽水，行銷港澳兩地，銷量甚廣。（陳大同：《百年商業》，香港光明文化事業公司，1941 年。）安樂汽水廠 (Connaught Aerated Water Company Limited) 是香港第一間華資汽水廠，初期由一位陳姓華商獨資經營，到 1921 年才開始轉為有限公司，戰前該廠組織是董事局制，董事主席為郭泉，董事司理由呂星如擔任。廠址在大道東 55 號 A，生產以獅球為商標的多種汽水。安樂汽水廠初期產品只有橙露一種。1922 年起才開始產鮮橙汁；戰前出品品類已包括鮮橙汁、鮮提子汁、檸檬、沙士、白檸；此外，還有混酒一起飲用的忌廉梳打、乾薑等，其中享有盛譽的鮮橙汁佔最多，佔產量的 75%，後又有波子汽水出產。安樂汽水廠於 1970 年初結業拆除。

香港事情概要

根據臺灣銀行書記調查

台灣總督府

目錄

第一章　沿革

　　香港從北跨北緯 22°7' 至 22°9'，橫跨東經 114°5' 至 114°18'，是支那南海上的一個小島嶼。從周邊環境來看，這個小島邊界線長約 28 英里，距廣東省省城 90 英里，同澳門之間也相隔 40 英里。全島多山脈，極少平地，僅在近支那大陸的地方有少量平地。早些時候這裏是一個寂寥的小漁村，偶爾有三兩通往沿岸的帆船停泊於此，也是極為神秘的一個仙境。但正如「香港」這個名稱所示，支那人很早就認識到這是個極好的港灣。不過在文明之光尚未照耀到這個島嶼之前，它不過如一支葦葉在漁船歸來之時隨波搖曳。[1]那個時代，它更多的是充當黃埔及汕頭的錨地。1840 年的鴉片戰爭後，它歸屬於英國。自此它在海陸交通中的地位顯著提升，西洋文明也在當地得以發展，一躍為東洋第一大港，昔日風貌亦不復存在。英國將這個港口當作商業港口，充分達到了其在東亞擴展勢力範圍的目的，並試圖以此為立足點，意欲控制整個支那大陸。如此粟粒般的小島，其軍事上的防備卻不能說已高枕無憂。當時的總督夏喬士・羅便臣爵士趁著支那大陸沉靜之時，於 1860 年吞併了九龍半島，使其成為租借地。此後歷經歲月，總督輪番上任，

1　在香港開埠以前，雖然沒有成為城鎮，居民多以漁農業為生，但在海上貿易方面亦有文獻記載及遺跡可考。香港的海上貿易史可追溯至宋代的佛堂門稅關，而佛堂門北岸的天后古廟及石刻亦可見證著佛堂門海路運輸的興盛。明代鄭和航海圖亦有標示佛堂門（東龍島）、官富寨（九龍）、蒲胎山（蒲臺島）、大奚山（大嶼山）等香港地名，加上從官門海峽明代古船出土的馬來西亞的陶瓷碎片和相等於古代東南亞貨幣的波斯玻璃小珠，以及在竹篙灣出土的大量明代景德鎮陶瓷碎件，足以證明香港在中國古代對外貿易上扮演著一定的角色。

到 1898 年更是締結了新條約，租借了附近的群島以及大陸南端一帶約 280 平方英里的地域。之後更是緊鑼密鼓地種植樹木，開墾山頭，築建堤岸，填海造地，將香港建設成為一座璀璨的歐式風格大都會。修建了完整無缺的城郭之後，又在交通建設上邁進了一大步，在廣州與九龍之間修築鐵路，並計劃貫通粵漢鐵路。港內也設置了海軍船塢，便於艦隊的整修。民營且規模宏大的太古船塢，也在這個時候發展起來。以完備的海陸交通運輸機關為基礎，香港從根本上獲取了南支那的商業實權。

第二章　人口及氣候

據 1910 年的人口調查顯示，香港領地域內的常住人口如下表所示：

人種	男	女	總計
歐美人	2,954	2,231	5,185
葡萄牙人	1,157	1,401	2,558
印度人	1,548	464	2,012
支那人	283,276	155,597	428,873
其他	817	653	1,470
合計	289,752	160,346	450,098

上表中「其他」一項主要是指日本人。1913 年人口又增多，歐美人 10,994 人，亞洲人 478,114 人，合計 498,108 人。出生率為 9.4，死亡率為 21.15。

當地居住人口中，除支那人外，英國人口佔首位，其次是葡萄牙人。近來葡萄牙又佔領了澳門，但東亞地區的葡萄牙人如亡國之民，優柔寡斷，不圖國家富強，偏愛賭博，以此為娛樂，絲毫看不出一個國家的發展勢頭。與此相反，德國人發展勢頭極好，以青島為根據地，傾力向支那北部，尤其是山東省一帶以及支那中部進駐，同時又以香港為中心，逐步在支那南部地區確立商業權利。德國欲凌駕於其他國家的架勢，可謂洶洶。我國與支那一衣帶水，僅一水之隔，風俗習慣極為相近，在通商貿易上也佔據著極為有利的地理位置。近來我國在支那的商貿不斷發展，但動輒被德國商人所壓制。歐洲大戰其實也是日本、德國兩國的交戰，大戰以日本佔領了德國在東亞地區的策源地 —— 青島告終。德國也因此被驅逐出東亞地區的商貿戰場。

當地氣候大體可分為三季，3 月到 5 月為春季，6 月到 10 月是夏季，11 月到次年 2 月稱之為秋季。4 月、5 月陰雨連綿，日光稀少，也是瘟疫盛行的時節。到 8、9 月，天氣最為晴朗，但時受亞熱帶地域特有的暴風雨突襲，對船隻也多有危害。

第三章　政體及軍事

英國旗幟飄揚之處沒有日落。英國領土遍佈世界各處，一共統轄了 40 多個殖民地，殖民地上生存著所有人種。交通不見半點阻塞，各種設施更是盡善盡美。香港作為遠東的領地以及殖民地取得巨大發展，也屬於英國殖民統治的成功之處。殖民地由一個總督管轄。總督掌握文武雙權，並持有以下權能：

1. 軍政司令軍官（陸海軍中將資格）。

2. 裁判權。

3. 統轄行政。

4. 任免官吏。即便是關係到主權者任命的官吏，也可對其行使任免。

5. 經由定例局的協助，制訂律令，並對議政局行使最高許可權。

香港殖民地統治機關如下表所示：

總督	/	年俸 4,800 鎊，交際費 1,200 鎊
民政局	長官	年俸 1,600 鎊
裁判所	長官	年俸 1,500 鎊
檢察局	長官	年俸 2,000 鎊
學務局	長官	年俸 1,000 鎊
土木局	長官	年俸 7,800 元
港務局	長官	年俸 900 鎊
園林局	長官	年俸 860 鎊
郵政局	長官	年俸 5,100 元
衛生局	長官	年俸 5,100 元
警務局	長官	年俸 7,200 元
財務局	長官	年俸 7,200 元

對殖民地統治相關的事項需要經過議政局的協助，且議會議員是由主權者任命的，總督擔當議長。議政局主要有以下成員：駐軍司令、輔政司、庫務司、律政司、工務司。

除以上成員，另有兩名民選議員。又設立定例局，議員與議政局議員一致。警察隊長任命 7 名非官守議員，其中 3 名是支那人。

陸軍全都是要塞兵。陸軍少將為司令官，主要由英國兵與印

度兵守衛，每 1 年或 2 年與本國兵交替輪守。最近發表的常時守備隊駐屯兵數如下表所示：

守備炮兵 3 個中隊	899 人
工兵 2 個中隊	222 人
英步兵 1 個大隊	932 人
軍團派遣支隊	34 人
軍醫團派遣支隊	152 人
印度步兵 2 個大隊	1,854 人
地方守備炮兵	364 人
地方守備工兵	150 人
主計部	8 人
軍司令部	34 人
合計	4,549 人

另有 450 名義勇兵，以備緊急之需。

「添馬號」是明治初年參加了馬關戰役的納爾遜時代的軍艦，海軍司令部就設立於這艘軍艦上。司令官乘坐這艘軍艦，處理防務，以及船塢、軍需品的購入等事務。英國的遠東艦隊的艦船，自日英同盟 [2] 成立後數量有所減少，平時軍艦裝備減少至戰列艦 1

2　十九世紀中後期新帝國主義的興起，歐洲列強在非洲及亞洲地區擴張其勢力範圍，令採取「光榮孤立」政策，即不進行軍事結盟的英國開始擔心其利益會受到影響。當時歐洲列強在遠東地區的勢力開始增加，法國佔領中南半島後租借廣州灣、德國租借膠州灣、俄國佔據中國東北及西北地區，因此英國開始尋求盟友，最後選擇與日本結盟，以箝制俄國和德國在遠東的擴展。日英同盟於 1902 年 1 月 30 日簽訂，其後於 1905 年 8 月 12 日及 1911 年 7 月 13 日延續盟約，第一次世界大戰期間英國曾派兵參與青島戰役協助日本攻佔德國在膠州灣的租借地。直至 1921 年華盛頓會議舉行，美、英、

艘，裝甲巡洋艦 4 艘，巡防艦若干，驅逐艦十餘艘，潛航艇 3 艘。
兵員數量也極為保密，未曾透露。

第四章　港灣的設施（碼頭、倉庫）

總的說來，港灣就像一個抱合的海峽，背面山高水深，灣內極為廣闊，足以停靠數百隻船，是一個極好的天然優良港灣。灣內猶如湖面一樣寧靜，無需防波堤等設施。因香港位於暴風圈內，夏季偶爾有颱風襲來，因此港內設有汽艇、舢板專用的避難所。

銅鑼灣位於香港市東端。

望角咀位於九龍北油麻地（建設中）。

鑑於 1905 年暴風雨的慘痛教訓，去年倍增了燈塔稅，投入 250 萬元，計劃 5 年內修築堅固夯實的防波堤。望角咀正是這項籌建中的堤壩。有了這座堤壩就不需要再懼怕任何暴風雨的侵害了。

港灣東西長，南北窄，總面積達 10 平方英里。商船錨地水深為平均 30 甚至 50 英尺。海床多由泥沙堆積而成。香港對岸的九龍盛產天然石材 [3]，關鍵地域的護岸建築以及船塢設置多使用這種上

日、法共同簽訂四國公約後於 1923 年 8 月 17 日正式廢除日英同盟。

3　香港的花崗石起源自 1.4 億年前噴發的糧船灣超級火山，而且接近地表，易於開採。因著香港開埠後城市發展，對花崗石的需求大增，因此維港兩岸開始發展採石工業。香港島早期開發的採石場計有石塘咀、鰂魚涌、阿公岩等，而九龍區則以東部的四山為主，即牛頭角（今牛頭角上邨、宜安街一帶）、茜草灣（麗港城附近，茜草灣社區中心及復康徑一帶）、茶果嶺（今茶果嶺村）及鯉魚門（今三家村及鯉魚門）四處，各場分別由一名被九龍寨城衙門委任（英國租借新界後由港英政府委任）的「頭人」負責管理及徵收

好的花崗石。對岸一帶並無埠頭，大小官營私營的碼頭倒是有 30 餘所。能供大船停靠的有由香港九龍碼頭公司設立的三處以及太古公司設立的一處碼頭。其他的均規模極小，上述兩家公司設立的碼頭設備足以供 13,000 噸以內的商船停靠。碼頭至倉庫全部鋪設了輕鐵，使得船體與倉庫保持聯繫。

倉庫遍佈於市街各處。下表列示三個重要的倉庫：

	倉庫數量	面積
香港九龍碼頭倉庫公司	34 棟	24.4 萬立方英尺
香港九龍碼頭倉庫公司	10 棟	5.5 萬立方英尺
太古洋行	4 棟	6 萬立方英尺

渣甸、招商局、英印公司、道格拉斯汽船公司、太平洋汽船公司等平素與香港九龍碼頭倉庫公司之間無簽約的公司都各自持有大小不等的倉庫。

另，煤炭倉庫有由三菱、太古、渣甸、同昌以及海軍經營的數個倉庫。

第五章　航運

本港的船舶出入量在世界上都是屈指可數的。據 1913 年度的統計資料顯示，本港出入船舶的噸數達到 1,293 萬噸。英國船隻數

稅項，地位可與朝廷官員媲美。由於採石場大多鄰近海港，方便船運，甚至能出口至省城或外埠。廣州的石室教堂便是以九龍四山開採的花崗石興建。

量居首位，其次是日本船，德國船居第 3 位。由於煤炭運輸事業的開展，日本船的出入近來有所增加。本港與各地的交通關係大致情況如下所示：

1. 歐洲航路
英國郵船公司
德國郵船公司
法國郵船公司
日本郵船公司
澳大利亞郵船公司

以上航路均每 2 周 1 次，定期開航。另外也有少數不定期航路。

2. 美國航路（主要經由馬尼拉）
C.P. By, P.M, N.Y.K, T.K.K, Bank Line.

以上航路也均是每 2 周 1 次，定期開航。

3. 澳大利亞航路（均經由馬尼拉）
N.D.I, N.Y.K, E&A, China Navigation Co,

4. 印度航路
British India, N.Y.K, O.S.K.J, O.S.S,

5. 爪哇航路
J.C.J.L, Nanyo Ynsen Gimi

砂糖盛產時節另有臨時增開船隻。

6. 上海航路
China Mareantile S.N, C.M. Co,

7. 盤谷（編者按：曼谷舊稱）航路
N.D.L, China Siam,

8. 臺灣航路
O.S.K.

9. 沿岸航路
O.S.K, Doglas. S.S. Co,

10. 法屬安南航路
A.R. Marty

11. 北清航路
S.M. Ry, Indo China, China Navigation Co,

12. 廣東澳門航路
N.C.M.S.B.Co,

　　以上是定期航船或是半定期航船。此外臨時入港的航船也極多。僅煤炭航船每月平均有 34 至 35 隻，總噸數共達到 12 萬至 13 萬噸。1913 年度各國船舶出入情況列表如下：

國籍	隻數	噸數
英國	5,412	6,255,613
日本	740	1,907,307
德國	579	1,107,453

支那	863	591,452
法國	307	422,736
美國	73	270,987
荷蘭	128	242,928
比利時	189	182,633
澳洲	51	168,063
俄國	34	86,021
葡萄牙	223	69,667
丹麥	13	34,433
瑞典	12	31,497
意大利	7	18,372
支那平底帆船	12,806	1,447,027
小型船	2,267	93,722
合計	23,722	12,929,911

第六章　進出口貿易

香港是自由港口，且港內無任何產業，只承擔進口貨物與出口貨物的一個中轉港口的作用。

從地理上來看，該港輻射了南支那大陸一帶，法屬東京地區 [編者按：法屬印度支那時代，「東京」（英：Tonkin，越：ông Kinh/ 東京）常被西方人用來指代以河內為中心的越南北部地

方。）]、交趾支那[4]以及遠至南洋諸島的地區，是東洋商業的中心，同時也是世界各國的交通要道。一年的貿易額達 5 億萬元，邊界線僅 27 英里的一個孤島，能成為如此大的商業基地，不得不驚歎於英國所採取的舉措。

1913 年度香港與其他重要港口（僅限東洋地區）的出口入比較列表如下：

（單位：元）

港口	進口額	出口額	合計
香港	282,950,000	236,670,000	519,620,000
上海	140,359,000	123,460,000	263,819,000
漢口	59,420,000	101,482,000	160,902,000
天津	105,821,000	53,834,000	199,655,000
西貢	6,276,300	80,925,000	143,688,000
廣州	65,209,000	74,839,000	140,048,000
盤谷	55,155,000	65,484,000	120,639,000

4　法國在中南半島的殖民地於 1887 年整合為法屬印度支那之前，法國將越南分為三部分，分別為南部的交趾支那、中部的安南保護國以及北部的東京地區。法國始在 1858 年對越南阮朝進行侵略，1862 年阮朝被迫簽訂第一次《西貢條約》割讓部分南部省份，至 1874 年簽訂第二次《西貢條約》割讓整個越南南部，成為交趾支那，首府位於西貢市，以湄公河三角洲為經濟中心，其流域可上達泰國、老撾及東埔寨等中南半島國家。隨後法國又以貿易受到阻撓而向越南北部出兵，並引發作為越南宗主國的中國清朝派兵對抗而最終戰敗，結果阮朝與法國於 1883 年及 1884 年先後簽署兩次《順化條約》，使越南接受法國保護並結束與中國的宗主關係，並將稱為東京地區的越南北部交由法國指派的統使管治，而阮朝朝廷則只管轄中部地區，稱為安南保護國。東京地區以河內市為首府，地區以紅河三角洲作為經濟中心，可通往中國雲南省，區內亦有海防市，作為紅河與東京灣之間的港口城市。

臺灣	48,999,000	60,200,000	109,199,000
大連	38,814,000	46,211,000	85,025,000
牛莊	42,962,000	36,610,000	79,572,000
汕頭	49,450,000	20,999,000	70,439,000
廈門	22,840,000	5,126,000	27,966,000
福州	11,559,000	12,137,000	23,696,000

以下是 1913 年度出入口國別表：

國名	進口（噸）	摘要	出口（噸）	摘要
日本	1,100,000	約 100 萬噸為煤炭	10,000	
交趾支那	570,000	約 50 噸為大米	120,000	
爪哇	300,000	約 25 萬噸為砂糖	200,000	
南支那沿岸	500,000	約 40 萬噸為貿易「平底帆船」	800,000	大部分為米，砂糖
暹羅	300,000	約 20 萬噸為木材	80,000	
印度	250,000	約 5 萬噸為大米	50,000	
英國	230,000	棉絲為主	100,000	
美國	200,000	約 5 萬噸為煤炭	50,000	
法屬東京	200,000	約 13 萬噸為麥粉	100,000	
海峽殖民地	200,000		300,000	
南洋諸島	150,000		300,000	
支那中部沿岸	120,000		250,000	

支那北部沿岸	120,000	約 8 萬噸為煤炭	50,000	
滿洲	130,000	約 8 萬噸為煤炭	10,000	
德國	200,000		20,000	
澳洲	100,000		20,000	
菲律賓諸島	100,000		150,000	
加拿大	30,000		30,000	
澳門	20,000		15,000	
臺灣	30,000		60,000	
西伯利亞	30,000		20,000	
南美	20,000		10,000	
其他	450,000		50,000	
合計	5,350,000		2,985,000	

香港是自由港，不設關稅，很難依靠統計資料完全掌握其貿易狀況，但大體情況可根據以下表格中所示的進出口商品額推測。

1913 年度出口入商品按類如下表所示：（香港三井分店調查）

商品	進口	出口	合計
米	48,000,000	46,000,000	94,000,000
生絲絹織物	33,000,000	31,000,000	64,000,000
鴉片	30,000,000	26,000,000	56,000,000
絲綿布	30,000,000	26,000,000	56,000,000
砂糖	26,000,000	25,000,000	51,000,000
錫	16,000,000	16,000,000	32,000,000
麥粉	13,500,000	13,000,000	26,500,000
棉織物	10,000,000	9,800,000	19,800,000

石油	9,000,000	8,000,000	17,000,000
銅鐵類	8,000,000	6,000,000	14,000,000
煤炭	10,000,000	300,000	10,300,000
海產物	4,500,000	3,500,000	8,000,000
木材	4,000,000	3,500,000	7,500,000
火柴	2,800,000	2,200,000	5,000,000
毛織物	2,500,000	1,800,000	4,300,000
爆竹	1,900,000	1,500,000	3,400,000
龍涎香	1,500,000	1,000,000	2,500,000
獸皮類	1,500,000	1,500,000	3,000,000
煙草	2,200,000	1,200,000	3,400,000
油類	1,000,000	800,000	1,800,000
紙類	1,500,000	1,000,000	2,300,000
毛髮、雞毛類	900,000	850,000	1,750,000
鉛	800,000	200,000	1,000,000
器械類	1,000,000	400,000	1,400,000
茶	700,000	600,000	1,300,000
酒類	700,000	400,000	1,100,000
檀香木	400,000	300,000	700,000
水果類	600,000	400,000	1,000,000
麻類	620,000	400,000	1,020,000
豆、豆糟	350,000	300,000	650,000
水銀	300,000	50,000	350,000
桂皮桂油	400,000	250,000	650,000
裝飾品	600,000	100,000	700,000

日用品	500,000	200,000	700,000
塗料	500,000	200,000	600,000
食料品	500,000	150,000	650,000
支那工藝品	400,000	300,000	700,000
藤類	450,000	500,000	950,000
肥料	200,000	150,000	350,000
雞蛋	380,000	50,000	430,000
豬毛	200,000	220,000	420,000
藥材	400,000	250,000	650,000
陶瓷器	250,000	200,000	450,000
白粉	/	700,000	700,000
朱砂	/	300,000	300,000
水泥	/	200,000	200,000
石灰石	100,000	/	100,000
其他	15,000,000	4,000,000	19,000,000
合計	282,950,000	236,000,000	519,620,000

從以上資料可看出，香港貿易居第一位的是米，排在其後的依次是生絲、鴉片、絲綿布、砂糖、石油、煤炭、海產物、木材、毛織物等。錫不過是中轉貨物，且從事這種產品交易的主要是支那人。商業的實權並不由英國人掌握，更多的是由支那人在支配。這也是因為香港的大部分居民都是支那人所致。香港與其貿易國的關係也可簡單記述如下：

英國

香港是英國的殖民地，因此與其他國家相比，英國在一般

通商方面有著無可比擬的優勢。貿易額上，出口額為 45,000,000 元，進口額為 30,000,000 元。

辛亥革命之後，支那人的風俗發生極大變化，對歐式器械、毛織物等諸多工業品、雜品的需求量顯著增大。可以說，英國與德國共同佔有了這類產品的進口也不為過。

海峽殖民地

海峽殖民地的居民大多是支那人，當地的商業活動也主要由這些人主導。對外貿易頻繁，進口品主要為藤類、錫、橡膠、香料、香水、椰肉乾、椰子、珍珠、木材等，出口品則主要有日用品、麥粉、煙草等。此類貿易主要以新加坡為中心。

印度

鴉片、棉花、棉絲是出口量最大的產品，主要從香港輸進生絲、絹布、米、豆及其他棉製品。兩地的貿易關係將會越發頻繁。

1913 年向香港出口的鴉片數量是 12,360 箱，與前年度相比減少了 8,925 箱。這是 1911 年英國與當時清朝政府簽訂鴉片條約的必然結果。支那各地對鴉片的政策愈加嚴厲，禁止鴉片的進口，近來還會對印度鴉片的進口加以管禁。

爪哇

進口品中，砂糖佔首位，其次有咖啡、藤、檀香木等，出口品主要有棉絲、棉布、棉製品、麥粉、豆、煙草、海產品等。爪哇出產的紅糖是當地太古製糖公司支那糖業公司所用的原料，白糖又輸往日本、上海及長江一帶。廣東的內陸及沿岸各地對白糖的需求量極大。1913 年爪哇糖的進口額為 25 萬噸。

法屬東京及交趾支那

主要從當地輸進東京米、西貢米，向當地出口支那人常用的日用雜貨類。

德國

德國在東洋勢力極大一事自是毋庸贅言。它為擴展產品銷路可謂使盡各種手段，現如今已經取得了很好的成效。它在支那地區的商業領域已經是一大強國，其勢力可與英國抗衡。德國商品與英國商品相比，品質粗劣，但其價格低廉，更符合支那人的經濟水平，因此逐步佔領了原英國商品在支那的市場。自身又不斷改進技術，促進本國工業家不斷反省，多方調查支那人的喜好，收集參考產品，研究提高品質的方法，藉此德國產品的聲譽得以提升。德國主要從香港輸進生絲、桂皮、木油、獸皮及其他一般的粗加工原料，出口品則主要有器械類、鐵材、毛織物、棉製品、麥酒等其他日用雜貨。其數量與英國不相上下。

美國

雖說美國是天然寶庫，但數年前迫於滿足本國的需求，根本無力將產品銷往國外。如今美國的生產力顯著提高，逐步開拓海外需求產品的銷路，其發展勢頭已經凌駕於英德之上，在東洋地區商貿發展中顯示出強勁實力。將以支那大陸為一大產品銷售市場，並施以政策手段，接近支那政府，如此發展之勢，必將成為我日本最為強勁的商敵。

出口到香港的麥粉以及石油幾乎全部由美國獨佔，除此以外的出口品還有器械、鐵材、毛織物、塗料等。從香港進口的產品主

要有廣東產生絲、毛髮、茶、香水、桂皮、支那工藝品等。尤其是對廣東產生絲的需求量極大，每年生絲價格總值達到 2,000 萬元。

廣東及支那沿岸

香港之所以如此繁榮，主要是因為有著具有無限消費能力的支那大陸做腹地。從支那大陸收購粗製品，輸往歐美各國，經過精製後，再從歐美各國收購過來，輸往支那內地。香港對支那內地的貿易主要採取的便是這種方式。出口、進口產品涵蓋了各種貨物。出口方面，主要對支那北部，即青島、威海衛、煙臺、天津、營口、大連等地輸送米、砂糖、藥材、食料品、錫等；對支那南部，即廣州、汕頭、廈門、福州輸送棉絲布、棉製品、毛織物、火柴、石油、米、砂糖，海產品、酒類、煙草及其他雜品。從支那內地進口的產品主要有支那北部的豆、豆糟、乾素麵、花生、煤炭、鹽、水果等，南部的生絲、絹織物、茶、華蓆、支那工藝品等。

對支那北部的出口量較大，這是因為支那中部有上海的大市場，因此以長江流域以北為勢力範圍開展貿易活動。

日本

日本與香港一衣帶水，佔盡地利，與其他國家相比具有極大優勢，因此貿易往來也十分密切。現如今我國殖產工業急速發展，未來兩地間的貿易關係將會更為緊密。但英、德商品優於我國商品幾等，要想將香港的貿易權完全歸入我國的勢力範圍內，將外國商品徹底清除出香港的市場，必須依賴於我國工業的進一步發展，促進高等技術的進步，努力解決我國商品劣於英、德商品的問題。如何促進對香港，以及支那南部、法屬東京、泰國、交趾支那、南洋方

面的貿易，是日本商業發展中極為重要的研究課題，經營者必須竭盡全力。我國出口品中，海產品、火柴等處於獨佔地位，煤炭、棉製品也主要由我國出口。但除煤炭以外，此類重要商品大部分仍是由支那人掌控，經由日本商人進口的數量甚微。支那人善於經營，他們與在日本的支那人互通關係，極為機敏，不得不慨歎他們的精明之舉。這也需要我國營業人員多加考慮並加以研究。

以下列舉我國對香港的重要出口品：

（單位：元）

出口品	金額
煤炭	6,000,000
棉絲	5,000,000
銅	4,200,000
海產品	3,250,000
火柴	2,800,000
棉布、棉製品	900,000
蔬菜（香菇）	800,000
棉針織品	550,000
其他雜品	約 2,300,000
合計	25,800,000

從香港輸入日本的產品主要有大米、棉花、砂糖、錫、鉛、木材等。這類商品，大部分也是由支那商人之手輸往日本的。

臺灣

日清戰爭以前，臺灣地區的所有供給都依賴於香港，兩地間貿易十分繁榮。臺灣雖是我國屬地，但與母國支那的往來也十分

密切，只是現如今已不同於昔日。進口品中，以當地居民使用的鴉片以及砂糖包、花筵、印度棉絲等居多。主要進口品的價額如下表所示：

（單位：元）

進口品	金額
鴉片	2,720,000
華蓆	613,000
棉絲類	760,000
石油	534,000
麥粉	207,000
其他	755,000
合計	5,589,000

從臺灣出口到香港的產品，僅有樟腦、烏龍茶、龍眼肉等，其價額也在 9 萬元以內。

第七章　財政及金融

香港財政從 1855 年開始獨立經營，此後除特殊的臨時支出以外，財政狀況一直保持收入超過支出的良好狀態。

最近五年間收入、支出比較如下表所示：

年度	收入	支出
1909	6,822,967	6,542,839
1910	6,960,861	6,907,113

1911	7,497,231	7,077,177
1912	8,180,694	7,202,553
1913	8,512,308	8,658,012

1913年度收入、支出明細表列示如下：

收入		支出	
科目	金額	科目	金額
諸稅金	5,510,560.89	總督費	82,051.05
租稅	898,480.27	總督府費	218,622.58
裁判費	711,534.94	港務局費	228,516.80
郵稅	439,189.37	氣象臺費	24,255.49
九廣鐵路	325,115.22	裁判所費	253,636.18
燈塔稅	198,297.85	員警監獄費	909,421.09
雜收入	136,844.82	醫局、衛生費	558,541.58
官有地銷售	292,285.48	園林費	48,745.88
		學事費	269,164.33
		土木局費	367,544.52
		土木臨時支出	1,847,532.68
		郵政局費	622,587.51
		九廣鐵路費	245,808.58
		官吏賞予費	280,230.88
		慈善費	24,916.41
		軍事費	1,615,683.33
		負債償還（九廣鐵路）	672,961.36
		雜費	387,783.79
合計	8,512,308.84	合計	8,658,012.93

金融狀況將當做今後詳細調查事項，這裏先記述其概要：

香港市場上流通英銀、墨銀、日本圓銀、支那各省圓銀等多種貨幣。[5]1914 年政府斷然禁止此類外國貨幣及外國紙幣的使用，目前市場上所見的只有英銀、墨銀、香港銀、英國政府鑄造的銀幣與銅幣。流通的紙幣由香港上海滙豐銀行、渣打、有利三大銀行發行。

香港擁有大小銀行 12 家，其中香港上海滙豐銀行是在殖民政府的保護之下設立的，享有多種有利的保護政策。在處理殖民政府的國庫事務外，該行還作為英國在東洋地區的代表性銀行，受理在支那特別是重點代表機關的借款相關事務。渣打、德亞、魯亞、通寶、荷蘭安達、荷蘭、有利、法蘭西、廣東、正金、臺灣等銀行也極為活躍。此外還有數十家支那錢莊。資本金在 10 萬元以內，專門經營支那人的金融事項。

5　銀圓可謂當時的世界貨幣，起源於地理大發現時期的西班牙王國，國王腓迪南於 1497 年定下貨幣標準，規定每枚銀幣之標準重量為 27.468 克，成色 93.055%，即含銀 25.56 克。後改為成色 90.2%，即含銀 24.76 克。由於西班牙在海外建立多個殖民地並進行大規模的海上貿易，因此西班牙銀圓便成為流通世界的貨幣。西班牙銀圓除了在西班牙本地鑄造外，亦有在墨西哥及秘魯等西班牙殖民地鑄造，墨西哥銀圓的鑄造直至其獨立後仍然繼續，由於改用鷹為圖案，所以被稱為「墨西哥鷹洋」。由於西班牙銀圓的國際流通性及認受性高，世界各國自行鑄造的銀幣大多會以此作參考，重量及成色都會與西班牙銀圓接近，例如香港（1866 年）、日本（明治三年，即 1870 年）、中華民國（民國三年，即 1914 年）等。而現時常用於代表貨幣的「$」標誌，亦是源於西班牙銀圓上的圖案。

第八章　特種稅

香港是自由港，原則上不對進出口品徵稅。危險物、武器、刀劍之類過港需要辦理嚴密的手續，徵收的手續費也極高。1909年依照法令開始對酒類徵稅，但再出口時返稅。鴉片、嗎啡、砂糖等產品的進出口與武器同樣，依照相關的規定徵收一定的手續費。

酒類入稅率（對 1 加侖所徵收的費用）如下表（編者按：仙即 cent，便士）：

白蘭地	4 元 20 仙
威士忌	3 元
冧酒（編者按：冧酒，即 Rum，又稱蘭姆酒）	1 元 50 仙
香檳	3 元
啤酒	20 仙
支那酒	30 至 70 仙

營業許可稅如下表所示：

營業登記稅	資本金 100 萬元另附 4 仙
造酒稅	400 元
槍炮銷售	1,200 元
競賣業	600 元
移民仲介人	200 元
酒吧營業許可	1,000-3,500 元
酒類銷售	1,000 元
酒店餐飲業	700 元
民宿業	25 元

（接上）

人力車	72 元
畜犬稅	3 元
球場、戲場	100 元
艀船	6-82 元
土地稅	土地價格的 70%-130%

　　此外，對其他證書類的印花稅、燈塔稅等收入也在香港政府的收入中佔極大比重，尤其是對酒類徵收的稅收極重。1913 年，僅香港市內消費的酒類就達 1,664,796 加侖，進口稅達到 73 萬元。

香港的金融機關

本書內容為臺灣銀行香港支行書記森勇義忠調查報告

大正九年十二月調查
臺灣銀行調查課

目錄

第一章　總論

香港在 1840 年鴉片戰爭之前，只不過是一個冷清的小漁村。鴉片戰爭結束之後，它成為英國的領地，繼而一躍成為東洋的航運中心地，其貿易額達到 5 億元，現在已然是世界上屈指可數的貿易港口。但香港是個孤島，農業、工業方面對固定資金的需求較少，隨著貿易額的增加，商業金融機關也如雨後春筍般驟增。另外，香港市場的金融狀況完全由進出口貿易來決定，尤其是在廣東地方的生絲出口期以及泰國米的再出口期，通常情況下，買入資本需求極大。隨著美國麥粉，印度棉絲、鴉片，泰國米以及日本石炭、棉絲布的大量進口，金融界也迎來了其最為繁盛的時期。不過，香港貿易多依賴於相關地區以及從事商貿活動的商人，與其有著諸多密切的關聯。因此，金融機關也各具特色。[1] 香港金融機關大致可分為外國新式銀行以及支那銀號兩類。下文將略述。

第二章　外國新式銀行

下面將在當地設有總店分店的外國新式銀行近期的資本金、積累金以及交易概況簡述如下：

1　日人在港所紀錄的這份金融、工商機關調查，含意在於搜集情報，協助日資機關在華南開拓經營版圖，紀錄所見，眾多調查對象中，日人尤甚留意英資和俄羅斯資本和機關的運作狀況，以備日後「商戰」時知己知彼。

第一款　香港上海銀行（Hongkong & Shanghai Banking Corporation）（又名香上銀行、滙豐銀行）與香港儲蓄銀行 (Hongkong Saving Bank)

　　總行所在地：香港

　　資本金（已到賬）：15,000,000 元

　　積累金英國貨幣：1,500,000 鎊

　　積累金香港貨幣：23,000,000 元

　　紙幣發行總額：23,767,161 元

　　發行準備金額：17,000,000 元

　　股東保證金額：15,000,000 元

第一次　概說

　　香上銀行是 1846 年依照英國銀行條例，經由 1867 年香港立法會議決議，根據香港總督公佈的法令而設立的。[2] 該行兼營儲蓄業務，最初發行 125 元的股票 4 萬股，總計資本金 500 萬元。1912年改正條例，資本金增至 2,000 萬元，目前資本金共計 1,500 萬

2　香港上海滙豐銀行在 1865 年 3 月於香港成立，創辦者為蘇格蘭人湯馬士‧修打蘭 (Thomas Sutherland)，總行設於皇后大道 1 號，一個月後上海的分行開始營業，稍後倫敦分行亦開業。自 1881 年起為香港的發鈔銀行；戰前，滙豐銀行主要活躍於中國沿海地區，為在華的外國企業提供金融服務。（HSBC, "HSBC, a Brief History"）到 1883 年，銀行在香港及中國內地、日本、印度、菲律賓、馬六甲等地區已有十多處分支機關。在十九世紀、二十世紀之交，該行亦活躍於中國本土市場，參與不少投資及融資活動，如修建鐵路、馬關條約、庚子賠款、善後借款等項目中向中國政府貸款，被在華日資機關視為勁敵。二次大戰期間，滙豐業務受影響，並暫時將總辦事處遷往倫敦。戰爭結束後，香港的業務才恢復運作。（劉詩平：《滙豐：金融帝國》，頁 60-146。）

元，股票 12 萬股。營業期限為 21 年，即 1908 年截止。期滿後可再續期 21 年。

該銀行最初的目的是作為香港及其屬地的貿易機關，以便管控金融的運轉。該行與普通銀行稍有差異，因與英國政府有著特殊的關係。現如今已是香港信用度最高，實力最強的銀行，在遠東地區的金融及財政界也佔主導地位。其營業地域之廣，經營狀況之盛，英國諸銀行中均無可超越者。

第二次　營業狀況

該行所擁有的 1,500 萬資本金全數到賬。1846 年，依照英國銀行的條例，為防備銀行無力償還債務，股東們需支付與入股額等額的額外保證金。該行有 33 個分店與辦事處，現將主要機關列舉如下：

廈門、福州、天津、漢口、青島、哈爾濱、上海、廣州、卑南、盤谷、蘭貢、巴達維亞、孟買、加爾各答、可倫坡、伊格博、神戶、長崎、橫濱、里昂、馬六甲、馬尼拉、紐約、北京、西貢、三藩市、新加坡、泗水、浦鹽斯德、伊洛伊洛等。

該行主要經營外國滙兌業務。香港、上海、漢口等地均以總店決定的滙兌市價為標準市價。此外也兼營如一般存款、折扣、貸付、催繳及生金生銀的買賣等業務。另設有儲蓄部，可受理小額儲蓄。本行還擁有發行銀行券的特權，發行的紙幣信用度極高，不僅在香港地區無限流通，廣東地區外國人之間以及外國人與支那人間的交易也多使用。該行有價證券以及硬幣提存於殖民地政府。除依照准許發行的法定條例外，該行還依照香港政府的佈告向政廳提存硬幣，發行紙幣。近年來發行額度顯著增多。

該行在支那發行的分店所在地的貨幣單位的支付支票，信用度極強，流通量頗大。此外該行還受理證券認購，與輪船公司、倉庫保險公司等有著密切聯繫。還兼營興業銀行的業務，這種業務與單純的滙兌銀行業務又有很大差異。若能擔保支那國債及地方債務，投資鐵道事業，致力於英國獲取在支那地區權力的話，該行必將取得更為引人注目的成績。1877 年，為發放平定伊犁地方叛亂的討伐費用，當時的兩江總督沈葆楨提出募債請求，遂借款 500萬元。日清戰爭第一回軍事公債（1894 年 10 月發行）平銀 1,000萬兩，英幣 163.5 萬鎊，第二回軍事公債（翌年 2 月發行）英幣300 萬鎊。日清戰爭第一回支付賠償金，與本行德商瑞記洋行一道各支付 100 萬英鎊，又與德亞銀行共同支付第二回賠償金，借貸金額為平銀 1 億兩，英幣 1,600 萬鎊。第四回的 1,600 萬鎊賠償金也均由該行支付。北清事變（編者按：即義和團運動，又稱「庚子事變」。）又擔保 5,000 萬兩的償金。1901 年 8 月，開始徵收海關稅，內地稅收及鹽稅，各國各派一名委員成立了銀行委員會來徵取稅收。該行作為英國的代表，是委員會的盟主，主要負責徵收海關稅收。以此為契機，英國對支那海關的影響力逐漸形成。之後銀價激變，為補充償金，清政府募集 100 萬鎊外債，受理該外債的正是該行。

其後四國、五國、六國銀行團成立，該行作為主要的組織者，是銀行團中的領軍力量。這都是廣為人知的。上文簡述了該行在支那外債方面的活動。在支那地方債方面，1910 年 7 月，正元、蕭餘、兆康三個錢莊破產，上海地區極為恐慌，此時上海道臺蔡煌從 9 個國家以 4 分的利息借入 350 萬兩，借貸給各錢莊以助其度過危機。該行借出 80 萬兩，數額最大。另針對湖廣總督瑞

徵的內外商人負債整理的借款要求，1911年9月與德亞銀行、印度支那銀行以及美國花旗銀行一道共借貸200萬兩。該行最為用心經營的是事業債務，尤其是與鐵道相關的借款。1898年該行與京奉鐵道達成協定，借予其330萬鎊，1903年，與滬寧鐵道達成協定，借出290萬鎊，又與德亞銀行共同給津浦鐵道借款950萬鎊。1906年與九廣鐵道達成協定，借款150萬鎊。京漢鐵道是當初借助加拿大辛迪加集團的資金建設的，為償還該鐵道公司的借款，與印度支那銀行一道借貸給清國政府募集郵傳部事業公債500萬鎊。1910年四國借款600萬鎊，同年軍政府擔保招商局的股票，借與150萬兩。鐵道事業除外，還投資漢冶萍煤公司15萬鎊。該行靈活的政策以及大膽的投資活動直接或間接地增強了英國在支那地區的影響力。最終總稅務司由英國人擔任，長江流域也歸入英國的勢力範圍，其中該行所起的作用尤大。

該行在香港，也如臺灣銀行在臺灣一樣，受理著當地政廳的國庫事務。此外，每年印度棉花豐收時期，買入棉花有價證券，因結算不在倫敦進行，所以滙兌業務也常十分活躍。

1919年末，該行的分紅情況是每股普通分紅4鎊10便士，獎賞分紅3鎊10便士。

如上所述，香港儲蓄銀行是香上銀行的儲蓄存款部，存款者主要是支那人。每人每回的存款額為1元以上200元以內，且每人每月的存款額不可超過200元，每人的最高存款額為5,000元。利息為4分每年，超過100元的儲存金額根據存款者的要求，可隨時轉入香上銀行的定期存款。其他交易規則也與我國儲蓄銀行的大同小異，不過由香港以及支那地區的英國郵局寄出的標記有「香港儲蓄事業」字樣的信件是免郵費的，這個現象在我國卻是見不到

的。由此可察知該行十分顧及儲戶的方便，在吸收存款上也是下足了功夫。

第二款　渣打銀行（Chartered Bank of India, Australia & China）

總行所在地：倫敦

資本金（已到賬）：3,000,000 鎊

積累金：3,500,000 鎊

紙幣發行總額：10,099,545 元

發行準備金額：5,000,000 元

股東保證金額：2,000,000 鎊

渣打銀行[3] 與香上銀行一樣，依照英國條例，為保證銀行的債務償還，股東們需支付與入股額等額的額外保證金。

有 35 個分店辦事處，現將其中重要的列舉如下：

盤谷、巴達維亞、孟買、加爾各答、廣州、可倫坡、海防、

3　1853 年，渣打銀行於倫敦據維多利亞女王御批的特許狀註冊成立，命名為「印度新金山中國滙理銀行」，（The Chartered Bank, *Coins of Hong Kong,* p.3.）創辦人之一的威爾遜 (James Wilson) 是國會議員及著名雜誌《經濟學人》的創辦者。1858 年，渣打銀行在加爾各答成立第一家分行，稍後也在孟買、上海、香港和新加坡成立分行。初期以經營英國、印度、澳洲、中國之間的貿易滙兌為主。自 1862 年，著手開展非洲業務，1902 至 1905 年間，分行擴展至德國漢堡及美國紐約，及 1914 年，渣打旗下分行已遍佈南非、中非及東非，在全球主要城市更有逾一百間分行。1957 年，渣打收購了東方銀行 (Eastern Bank)，並把名字中的「India, Australia & China」略去。1969 年，標準銀行 (The Standard Bank) 和渣打銀行合併，改名為 Standard and Chartered Banking Group Limited。(Standard Chartered Bank Group, an Introduction, pp.3-5。)

漢口、伊洛伊洛、神戶、馬德拉斯、馬尼拉、棉蘭、紐約、北京、卑南、蘭貢、西貢、上海、新加坡、泗水、天津、橫濱等。

　　該行在當地歷史最為久遠，信用度也僅次於香上銀行。它是英國實力雄厚的實業家為發展東洋貿易，依照英國特許條例於 1853 年設立的。擁有發行紙幣的權力，資本金全額到賬。股票的面額為 20 鎊。1860 年前該行僅以 64.4 萬鎊的資本金開始營業，當時積累金僅有 5,000 鎊。到 1880 年，資本金增至 80 萬鎊，積累金也增至 19 萬鎊。至 1900 年，資本金保持 80 萬鎊，而積累金再增至 52.5 萬鎊。1910 年總資本金額增至 120 萬鎊，積累金為 160 萬鎊。1920 年，資本金再度一躍為 300 萬鎊，積累金也多達 300 萬鎊。由此可見該行一路蓬勃發展。該行營業基底厚實，慎重決議，從不錯失初次交易良機，充分滿足顧客需求，為其謀便利，熟稔諸多交易並能順利達成。在東洋地區，該行與香上銀行有諸多相似之處，但兩行互相協商，從不進行有損雙方利益的競爭，充分發揚英國人的品格。這一點是值得我國學習的。在南支那地區，該行還十分留意廣東的生絲貿易。

　　1918 年該行按每股 0.225 的比率對股東分紅，此外還分發 1.5 鎊的獎賞分紅。

第三款　有利銀行（Mercantile Bank of India）

　　總行所在地：倫敦

　　資本金：1,800,000 鎊（法定資本 300 萬鎊）

　　到賬資本金：1,050,000 鎊

　　積累金：830,000 鎊

　　紙幣發行額：991,442 元

準備金：550,000 元

1858 年依照英國女王的特許，設立了 Chartered Mercantile Bank of India, London & China 銀行，而有利銀行是為接管這家銀行所有營業業務，於 1892 年設立的。[4] 最初目的是為開發與印度的貿易關係，同時也致力於印度當地的貿易發展。印度對支那的鴉片與棉絲滙兌是該行獲益最大的業務。但後受清英條約的限定，鴉片的進口額有所減少，銀行業務發展也因此受限。總體來說，該行在支那地區的營業範圍比香上、渣打兩銀行狹窄得多，營業狀況也不盡如人意。

該行有 19 個分店辦事處，東洋及南洋地區中重要的辦事處主要分佈在以下城市：孟買、巴達維亞、蘭貢、加爾各答、卑南、上海、新加坡等。該行與香上、渣打兩大銀行一樣，為保證銀行的債務償還，股東們需支付與入股額等額的額外保證金。每股面額 25 鎊，分為 A 股 3 萬、B 股 3 萬，目前每股到賬 12.5 鎊，A 股比 B 股先得到每年 5 分的分紅。這是 A 股的特權，且一般來說，A 股股

4　有利銀行於 1853 年在印度孟買創立，也稱「印度倫敦中國三處滙理銀行」（Chartered Mercantile Bank of India, London and China），獲英國政府頒「皇家特許狀」。翌年，有利銀行在上海設立分行，香港分行亦在 1857 年開業，1862 年獲准發行港元鈔票，在香港銀行體系中起著重要作用，長時期是香港三大發鈔銀行之一。1858 年，銀行把總行遷往英國倫敦。1892 年進行改組，以有限公司註冊，放棄發鈔特許，並改名為「印度有利銀行」（The Mercantile Bank of India Limited）。直至 1911 年 12 月，香港政府專門頒佈《有利銀行發行鈔票條例》，銀行再獲發鈔權，翌年起恢復發鈔，直至 1974 年後才停止。1959 年 12 月，有利銀行被香港上海滙豐銀行收購，其名稱中也刪去「印度」一詞，正名為「有利銀行」(The Mercantile Bank Limited)，並於 1966 年將總行遷回香港。1984 年，有利銀行被轉予美國萬國寶通銀行，1987 年再轉售予日本三菱銀行，即今三菱東京 UFJ 銀行。

東比 B 股股東擁有更多有利的權利。

1911 年當地政廳頒佈了《有利銀行紙幣發行條例》(*Mercantile Bank Note Issue Ordinance*)，遵照相關規定，有利銀行具備了發行紙幣的特權。但與前述兩大銀行相比，有利銀行發行的紙幣額度極少。

條例綱要如下：

賦予有利銀行在本殖民地發行紙幣的權力，但所發行的紙幣額面必須是 5 元或者是其倍數，且發行量應以到賬資本金額為最高限度。若超過規定的最高限度，將對超額部分處以每 1 萬元罰 150 元以內的罰款。每月最初的營業日結束時，須把該行當日的發行量與準備金數額通告政府，並在《公眾報刊》予以公佈。

發行期限以該條例發佈之日起到滿 10 年為止。

該行於 1916 年收購了 Bank of Mauritious Ltd。1920 年 4 月，將原來 150 萬鎊的資本金增至目前所擁有的資本金。

第四款　荷蘭安達銀行（Netherland India Commercial Bank）[5]

總行所在地：阿姆斯特丹

資本金：60,000,000 盾

到賬資本金：45,000,000 盾

5　1863 年，荷國安達銀行（荷文為：Nederlandsch-Indische Handels Bank，簡寫為 NIH）獲頒荷蘭皇室特別命令而成立，總行設於阿姆斯特丹，1906 年在港開設分行，業務以荷屬爪哇領地（今印尼）為中心，開發荷蘭在東洋及南洋地區的殖民影響力。

積累金：29,000,000 盾

分店辦事處：巴達維亞、井里汶、麥拉德、三寶瓏、蘇臘巴亞、北加浪岸，新加坡、海牙等 18 所。

第五款　荷蘭銀行（Nehterland Trading Society）[6]

總行所在地：阿姆斯特丹

資本金：100,000,000 盾

到賬資本金：80,000,000 盾

積累金：14,590,545 盾

特別積累金：17,000,000 盾

分店辦事處：巴達維亞、井里汶、神戶、棉蘭、卑南、蘭貢、三寶瓏、蘇臘巴亞、鹿特丹、海牙、新加坡等 29 所。

安達銀行（1863 年設立）與荷蘭銀行（1824 年設立）同是為開發荷蘭殖民地，依照荷蘭前皇帝的特別命令而設立的。它與根據一般商法成立的銀行不同，當地政府於 1976 年 6 月 21 日對兩銀

6　在 1824 年，荷蘭銀行（又名「荷蘭小公銀行」Netherlands Trading Society，英文名字為 Netherlands Trading Society）由荷蘭國王威廉一世所創立，為荷蘭政府特許設立的銀行，屬荷蘭貿易會所組織，總部設於阿姆斯特丹，1826 年，在荷屬東印度首都巴達維亞（Batavia，今雅加達）開設分行，並設東方總行於此；荷蘭銀行成立原意在於發展荷蘭東印度、英屬印度及南洋群島等地區經濟活動，復興該區與荷蘭之間的商貿網絡，後來也承攬礦山、土木工程、海陸運輸業的融資工作。1858 年，荷蘭銀行新加坡分行成立，1888 年，檳城分行 (Penang) 成立，1889 年，香港分行開業；上海分行於 1903 年成立，從事金融業務，與南洋各地交易頻繁，業務種類有存款、放款、有價證券、滙兌及其他銀行業務，代理中國銀行買賣外滙和代辦國外滙兌，曾被批准為外滙指定銀行。二次世界大戰前，旗下分支機構近百家之多，是荷蘭最大的銀行。

行頒發了特別條例，使其正式開始受理業務。條例擇要如下所示：

　　三、安達銀行與荷蘭銀行是以開發殖民地為目的的，故有沒收動產不動產為銀行所有的權利。

　　四、荷蘭銀行（Netherland Trading Society）可以以安達銀行（Netherland India Commercial Bank）的名義對當地裁判所提起訴訟。

　　五、對安達銀行及荷蘭銀行的召喚狀、通報，以及法律上的訴訟手續均由當地殖民地的營業所來執行。

　　六、附有負責人的簽名或加蓋其公章的當地殖民地區內營業相關的讓渡證、委任書、契約書以及其他文件在英國法律上是具備法律效應的。

　　七、負責人須在當地殖民地設置營業所，須清晰的張掛看板。

　　八、負責人的更換應根據當地政府的相關規定格式提交申請。

　　九、負責人的委任書須添附海牙荷蘭國務大臣的證明書以及駐荷蘭國大使的檢閱書，或是巴達維亞政廳的證明書及駐巴達維亞英國領事館的保證書。

　　荷蘭安達銀行共同維護成立之初的目的，即以荷蘭的印度領地為中心，不斷發展東洋及南洋地區的業務。尤其是荷蘭銀行，它已經在荷蘭印度領地的金融與產業界佔據了主導地位，同時試圖擴展在當地及新加坡的發展，業績可觀。另外它還是經營爪哇糖業務方面一個極為重要的機關，在當地也發展極好。近年來更是引進銳意進取的負責人，充分發揮了其高明手腕，使得安達銀行的交易狀況得以超越荷蘭銀行。在巴達維亞設立總店，專門經營南洋地區的業務。

　　兩銀行近來計劃在日本也設立多處分店，更密切關注爪哇對日本的貿易情況。照此發展態勢，這兩大銀行日後將成為我國銀行家在南洋地區極具實力的競爭對手。

第六款　法蘭西銀行（Banque de L'Indo Chine），又名東方滙理銀行

總行所在地：巴黎

資本金：72,000,000 法郎

到賑資本金：68,400,000 法郎

積累金：69,500,000 法郎

法蘭西銀行是法蘭西在印度與支那領地地區的特種銀行，基本上獨佔了當地與香港、廣東之間的金融往來。[7] 當地的分店是基於有名的東京米以及雲南錫的出口關係而設立的。銀行的客戶僅限於東京米的進口商東京米行，因此實行的是進口方單方面的滙兌。長期苦於流散資金的處理，因此對當地的各銀行以及大公司實行大宗借貸，高價放貸給廣東地區也不是稀奇事了。最近東京方面明顯增加了面向日本出口的礦物類，說明該行也開始插手於日本貿易。

分店辦事處有 20 個。東洋地區中較為重要的辦事處主要分佈在以下城市：

盤谷、廣州、海防、漢口、河內、北京、砦貢（編者按：即西貢）、上海、新加坡、天津、浦鹽斯德等。

1918 年，股東的分紅是 0.53。近十年來，每年分紅率都有所

7　法蘭西銀行又名東方滙理銀行，1875 年在法國巴黎成立，總行設於巴黎，起初涉足印度殖民地區業務。自越南歸入法國殖民管治後，該行亦在西貢開設分行，後更把業務推展至新加坡、泰國等地區，並在香港、上海、漢口、天津、北京等地設有代理處。業務遍及越南、香港、上海三處，尤以越南為中心，其發行的兌換券通行越南，自雲南鐵路開通以後，其兌換券更流通於中國南部的雲南地區，銀行以雲南為基地，操縱該區貿易及錫產出口。（周葆鑾：《中華銀行史》，第七篇，第三章，頁 4。）1949 年，東方滙理銀行撤出中國大陸。1982 年，這家法資銀行才重回到中國內地市場。

上漲。1920 年 4 月，資本金從原來的 4,800 萬法郎增加到 7,200 萬法郎，發展空間相當之大。

第七款　中法實業銀行（Banque Industrielle dehine）

總行所在地：巴黎

資本金：150,000,000 法郎（法定資本）

到賬資本金：75,000,000 法郎

來自支那政府的資本金：25,000,000 法郎

積累金：6,600,000 法郎

該行是 1913 年依照法蘭西及支那政府間的條約而批准成立的，是兩國的合資銀行。[8] 資本金的 1/3，即 5,000 萬法郎歸支那政府所有。它是法國在支那地區的投資機關，在北京、天津、福州、廈門、廣州、雲南、蒙自、砦貢、海防、橫濱、浦鹽斯德、新加坡、馬賽等地設有分店，當地分店除經營一般銀行業務以外，專營滙兌業務，且具有極大實力，1918 年末分紅為 1 成。

第八款　萬國寶通銀行（International Banking Corporation）

總行所在地：紐約

資本金（全額到賬）：8,500,000 美元

8　中法實業銀行為中法合資金融機關，1912 年由法商克拿多與中國外交部商議發起，總行設於巴黎，並設營業局於中國北京，分行則設於上海、天津等處，中法實業銀行主要是在中國經營實業，如築堤修路、治河、築建鐵路、開採礦山等，還有兌換、發行紙幣、支票滙兌、借款、代售股票等。第一次世界大戰期間，該行遭受重大打擊，虧損嚴重，到 1921 年 7 月停業。1925 年，停業後的中法實業銀行被改組為中法工商銀行。

積累金：1,054,000 美元

萬國寶通銀行是美國資本家為發展東洋貿易而設立的。[9] 它的成立對美國人在當地及廣東地區的事業發展大有裨益。它擔任著將大量的美國資金投入支那大陸地區以獲取更多利益的大任，且收效頗為明顯。金山莊是當地從事對美貿易的同業者的組織，該行對於他們來說也是不可或缺的金融機關，享有極高的信譽。

1818 年初 International Corporation 剛在紐約成立，該行對其實施收購，成為 Nateonal City Bank of New york 相關的金融機關。

該行擁有 25 個分店，在東洋南洋地區，除當地以外，在上海、天津、漢口、北京、廣州、橫濱、神戶、馬尼拉、孟買、加爾各答、蘭貢、巴達維亞、蘇臘巴亞、新加坡等地均設有分店。

第九款　俄亞銀行（Russo-Asiatic Bank）

總行所在地：聖彼得堡

資本金（全額到賬）：55,000,000 盧布

來自支那政府的資本金：3,500,000 估平銀兩

積累金：26,960,000 盧布

來自支那政府的積累金：1,750,000 估平銀兩

9　萬國寶通銀行於 1901 年成立，由美資創設，總行設於紐約。當時的主業是開發對華及菲律賓的貿易網絡，在亞洲經營之初，先在菲律賓、香港、上海各處設立分行，其後再於北京、廈門等開設分行及代理處，其發行鈔票可流通於中國內地，其經營業務為辦理儲蓄滙兌等，所有商界及旅客之滙函支票皆通美國及世界各地，並承接活期及定期存款。先後借款予粵漢鐵路，活躍於鐵路興築等貸款業務。1915 年，紐約國民城市銀行（National City Bank of New York）兼併萬國寶通銀行。到 1927 年再與紐約國家銀行合併，易名為花旗銀行。（周葆鑾：《中華銀行史》，第七篇，第六章，頁 9。）

俄亞銀行是於 1896 年經俄國與支那兩國協商，於 1910 年依照俄國法律，在合併俄清銀行的基礎之上成立的。[10] 該行的設立也遵照了當時俄國駐支那公使與俄國當局間締結的華俄道勝銀行組合營業的契約。下文摘錄此契約中幾條重要的規定：

第一條　支那政府出資 500 萬兩，與華俄道勝銀行共同營業，該金額自交付該銀行之日算起，享受並負擔股票資金方面的虧損及盈利。

第三條　（前略）營業虧損時，支那方面負擔的損失額先從其積累金裏扣除。

第四條　該行的年報，月報經過股東總會的決議，由該銀行在支那地區的負責人送至支那選任的東清鐵道總辦查閱，再轉送回來。

上述契約達成之後，經過兩國委員會的協商，1896 年 12 月 8 日發表了俄清銀行條令。包括銀行的組織，業務營業的細則在內，該條令共由 7 章 68 條款組成。

該銀行設立當初是作為金融機關以促進東洋諸國與俄國之間

10　俄亞銀行初名華俄道勝銀行（俄語名稱 Русско-Азиатский банк），由俄人創設，亦代表俄資在華的金融利益，尤活躍於中國華北地區，成為重要的區域商業勢力，被在華日資機關視為勁敵。該行 1895 年成立，總部設在聖彼得堡，此後在中國開設了八處分行：北京、上海、天津、漢口、牛莊、庫倫、哈爾濱、吉林等；並在福州、廈門、芝罘、廣州、鎮江、汕頭等處設代處。在全球各地也有十餘處分行，如巴黎、莫斯科等。華俄道勝銀行享有在中國代收關稅、鹽稅、經營鐵路、電話線鋪設、貨幣鑄造、代理中國政府募集公債及支付利息等特權。1910 年，它與另一家俄法合資的銀行「大北銀行」合併，改稱「俄亞銀行」（Russo-Asiatic Bank）；（周葆鑾：《中華銀行史》，第七篇，第四章，頁 5-7。）1917 年十月革命後，其總行和分行被政府收歸國有，總行遷往巴黎，1926 年 9 月因外滙投資失敗而停業。

的貿易發展。另一方面是為在支那地區獲得經濟權利。它的營業項目與一般的銀行也有極大差異，上述條令第 14 條第 10 項中對東亞事業項目中有如下的規定：

一、收取支那地區的各種稅收。
二、與地方國庫相關的事務。
三、經由支那政府特許的紙幣鑄造。
四、支付支那政府募集的公債利息。
五、可獲得支那內地鐵路及電話佈設的轉讓權。

如上所述，該行成立之初就赤裸裸地暴露了俄國的野心。部分支那官民是反對這些條例的，這也是俄國方面最為害怕的事情。針對這一問題，俄國時而讓該銀行總裁作為答禮使參加俄國皇帝的加冕儀式，又出資百萬餘兩金銀財寶給清廷上至西太后及皇帝，下至臣僚，按份贈呈，大獲朝廷歡心，由此得以獲取特權。該銀行的成立也未受絲毫阻礙，發展順利，很快公諸於世。此後該行致力於經營地區的擴張，除在東洋各地設立分店外，還在西伯利亞設置 84 個分店，與東清鐵道公司一道，積極活躍於滿洲地方、北部支那以及以上海為中心的中部支那地區。南北行是當地從事對上海、青島、滿洲、朝鮮方面貿易活動的同業者組織。對於其中的北行組織來說，該行更是不可或缺的金融機關，享有極高的信譽。1918 年革命爆發以來，信用度驟降，業務不振，當地分店更是不再交涉支那政府的國庫事務，發展勢頭被香上、渣打兩大銀行所打壓。目前該行主要依靠滙兌業務勉強維持其業務。

第十款　廣東銀行（The Bank of Canton Ltd.）

總行所在地：香港

資本金：1,000,000 鎊

到賬資本金：697,340 鎊

積累金：97,500 鎊

該行是由一名廣東出身的美國華僑成功人士設立的。[11] 它是小規模銀行，主要受理美國方面的交易，又與香港聯繫密切。雖業績發展並不引人注目，但由於當地商人多為廣東人，故該行在支那人之間的交易上相對比較活躍，對從事美國方面的貿易商組織——金山莊來說更是重要的金融機關。該行與萬國寶通銀行共同致力於業務範圍的擴張，在廣東、上海、盤谷、孟買設有分店，作為支那人經營的滙兌銀行，是最具人氣的。

第十一款　美國運通銀行（American Express Co.）

總行所在地：紐約

資本金（全額到賬）：18,000,000 美元

11　廣東銀行是香港第一家大型華資銀行，創辦於 1912 年，創辦人是李煜堂等祖籍四邑、從北美回流的商人。他們不少更活躍於「金山莊」業務，從事北美及華南之間的華僑滙兌生意。建基於此人脈，廣東銀行總行設在香港中環德輔道，在上海和廣州都設有分行，主要辦理滙兌及來自美洲的滙款，還有儲蓄、存款、按揭、保險箱等業務，後來更從事發鈔業務。其主要業務範圍初時僅限於美國，第一次世界大戰前後，廣東銀行發展迅速，業務才擴展到中國內地。創辦人李煜堂活躍於政界，除了是香港四邑商工會的創辦人之外，亦多次為孫中山的革命活動籌餉。因此，這群四邑商人一直受到港英政府的監視，以防華南的政治混亂蔓延至香港。（劉明康、吳敬璉主編：《東亞銀行：風雨歷程 90 年》，上海：上海遠東出版社，頁 4。）1930 年代，美國經濟大衰退，廣東銀行於 1931 及 1934 年發生擠提，遂於 1934 年停業。

積累金：7,000,000 美元

該行是美國的大公司。[12] 經營銀行業務的同時，還兼營運送業務及信託業務。當地分店主要經營對美滙兌業務，並沒有值得特別書寫的活動。該行是著名的 Travelers Cheque 的發行銀行，除在美國及加拿大外，在國外有 16 個分店。支那地區除香港以外，還在上海有分店。日本方面則在橫濱設有分店。

第十二款　亞細亞銀行（Asia Banking Corporation），又名美國友華銀行

總行所在地：紐約

資本金（全額到賬）：4,000,000 美元

積累金：1,100,000 美元

該行是下述美國九大銀行聯合設立的，[13] 主要以在東亞地區的活動為目的，在上海、漢口、北京、天津、馬尼拉、廣州、長沙設有分店。主要經營滙兌業務，多從事投機性的交易。

九大聯合銀行分別是：

12　美國運通銀行於 1850 年在紐約州水牛城成立，最初是由三家不同的快遞公司股份合併組成，在紐約經營運輸事業（貨物、股票、貨幣等），1891年發行旅行支票 (Travelers Cheque)，讓美國運通銀行成為一間跨國公司。第一次世界大戰爆發時，許多旅居歐洲的美國人持有來自多間不同銀行發出的信用狀，但這些金融機關大多拒絕向用戶提供支緩，唯美國運通透過歐洲辦公室，聯合多間機關為這些旅客手中的信用狀提供擔保，其聲譽由是建立。

13　亞細亞銀行，又名美國友華銀行，該行是美國九大銀行聯合設立的，在上海、漢口、北京、天津、馬尼拉、廣州、長沙設有分店，主要經營滙兌業務，並從事投機性交易。在十九世紀中期，在港設立分行，該行曾發行 50和 100 紙幣，在 1866 年的銀行擠提潮中倒閉。

（1）Anglo & London Paris National Bank,San Francisco.

（2）Bankers Trust co.,New york City.

（3）Continental & Commercial National Bank ,Chicago.

（4）First National Bank of Portland Oregon.

（5）Guaranty Trust Co.,New york City.

（6）Guardian Savings & Trust Co.,Cleveland Ohio.

（7）Mercantile Bank of The America,New york City.

（8）National Showmut Bank,Boston Mass.

（9）National Bank of Commerce,Seattle, Wash.

第十三款　東亞銀行（Bank of East Asia）

總行所在地：香港

資本金（全額到賬）：2,000,000 元

積累金：200,000 元

該行具有英國國籍，但經營者與資本家同是香港及澳門地方
的支那紳商，故該行應該看作是支那人的銀行。[14]

14　1918 年 11 月，簡東浦、李冠春及其弟李子方成立東亞銀行，在香港註
冊為有限公司。1919 年 1 月，正式在香港皇后大道中開業，董事包括了香
港最有影響力的華商如周壽臣、龐偉庭等。（龐偉庭是董事會首屆主席，他
是經營絲綢和布匹的「和隆號」股東和經理，也是著名的地產商。劉明康、
吳敬璉主編：《東亞銀行：風雨歷程 90 年》，頁 9。）有見於當時本地銀
號信貸期短，利率偏高，（冼玉儀：《與香港並肩邁東亞銀行 1919-1994》，
頁 4。）東亞銀行於是專為戰亂南逃的華商富戶提供服務，打穩客源。1921
年，率先引入保險箱服務，並廣泛設立分行，於內地、日本、東南亞。1920
年，分別於上海及越南西貢開設分行。1920 年代，香港出現連串華資商行
倒閉事件，一度影響商界對華資銀行的信心。東亞銀行也受到牽連，但東亞
銀行反在危機中鞏固自己在華人社區中的信譽，最後安然渡過金融危機，更

分店在廣東，勢力還不很強大。各資本家以閒散資本積極活躍於滙兌業務。

第十四款　工商銀行（Industrial & Commercial Bank）

總行所在地：香港

資本金：500,000 磅

到賬資本金：303,839,23 港元

積累金：132,42 港元

該行是 1917 年 3 月 30 日成立的，**隸屬於英國國籍**。[15] 經營者全部是來自支那的美國留學生，股東也是美國華僑。它是純屬支那人開設的銀行，且是其中相對較新式的。但還未得到充分發展，有人認為它不過是一個地方銀行，也僅在漢口設有分店。

該行兼營儲蓄銀行，存款者多是婦女及孩童。利息 1 年 4 分，每人每回的存入額為 1 元以上，以 5,000 元為最高額度。存款超過 100 元以上，可轉入任意同行的定期存款或活期存款。

為吸收存款，該行特製了儲蓄箱，箱子分為大箱以及孩童用的小箱兩種。存款者以 1 元從銀行租借大箱子或以 25 分租借小

乘華商銀行越南分行倒閉，加強該行在當地分行的業務。1930 年代，東亞銀行的股份開始在香港股票市場買賣。[(劉明康、吳敬璉主編：《東亞銀行：風雨歷程 90 年》，頁 3-4,7,9,18,11。]

15　工商銀行創辦於 1917 年，總行設於香港，向港府註冊，並在廣州、漢口、上海、天津、九龍六處設立分行。1919 年以後，該行在總經理薛仙舟主持下，業務發展迅速，以上海分行之營業最盛，除了一般銀行存款服務外，又經營海外華僑滙款。1930 年薛仙舟去世，工商銀行受到外資銀行打擊，加上經營滙兌業務失敗，只有停業倒閉，當時上海分行一處僅有儲蓄存款五六十萬元。（《中國之銀行史料三種》，頁 116。）

箱，各自帶回自家存款，大箱子存款達到 3 元，小箱存款達到 1 元後，把箱子帶到銀行，開箱立即將存款存入銀行。

第十五款　華商銀行（Chinese Merchant Bank）

總行所在地：香港

資本金：5,000,000 元

到賬資本金：500,000 元

積累金：無

該行屬於英國國籍，但也是支那人的銀行，勢力還未得到發展，只不過是一個地方銀行。[16] 近來逐步從事面向砦貢的滙兌業務，但業務狀況並不值得一提。

第十六款　支那銀行（Bank of China）

總行所在地：北京

資本金：60,000,000 支那元

到賬資本金：12,279,800 支那元

16　華商銀行創辦於 1918 年，總行設於香港，向香港政府註冊。銀行之最大股東分別為安南華僑劉希成及在港經營米業的富商劉小煇、劉亦煇、劉季煇等，股本為 500 萬元，分行設於廣州、上海、西貢、紐約，是首家在紐約開設分行的華資銀行，銀行的業務重點是儲蓄存款。1922 年上海分行開業時，為了吸引儲蓄存款，不惜提高存款利息，規定於開幕一星期內，新開各存戶永遠固息 8 厘起息，結果市民踴躍前往儲蓄，開業第一天即吸收存款 50 餘萬元。1924 年 6 月，該行因從事外滙炒賣遭到嚴重損失，觸發擠提風潮。1924 年，市場傳聞華商銀行在外滙買賣方面出現損失，6 月初出現少量擠提，情況日益嚴峻，6 月 12 日，銀行被迫暫停支付存款。不利消息傳到廣州，觸發廣州分行出現擠提。上海分行被牽連，也不得不停業，銀行最終倒閉。(劉明康、吳敬璉主編：《東亞銀行：風雨歷程 90 年》，頁 11。)

積累金：4,942,628 支那元

該行是支那的中央銀行，擁有受理本國金庫交易事務，發行紙幣等特權，在支那地區是信用度極高的銀行。[17] 當地分店則主要受理國內公債償還、利息支付以及各種內外滙兌、擔保貸出、存款等一般銀行業務，並無改革力度。且在支那國內的通商地區設有眾多分店代理店，店舖以數十數百計算。往各地的滙款多不需直接經由該行。目前還兼營北京、天津、五族實業銀行、上海、漢口興業銀行、上海滙業商業銀行、浙江地方實業銀行等諸多代理店。在倫敦、紐約、香港、東京等地均有客戶往來，也經營對外滙兌業務。

第十七款　鹽業銀行

總行所在地：北京

資本金：5,000,000 支那元

到賬資本金：3,500,000 支那元

積累金：1,150,000 支那元

17　支那銀行，即中國銀行，於 1912 年 1 月由臨時大總統孫中山批准成立，作為政府的中央銀行，[中國銀行行史編輯委員會：《中國銀行行史（一九二一一一九四九）》，頁 13。] 前身為大清銀行 (1905 年成立之初為戶部銀行），1912 年 2 月正式開業，(周葆鑾：《中華銀行史》，第一篇，第一章，頁 40。) 後得到袁世凱追認，獲授權與交通銀行分擔中央銀行職責，代理國庫、代收稅款、經營外債本息償付、協助政府辦理公債事務。及 1928 年軍閥統治時期結束，國民政府另設中央銀行，削弱了中國銀行及與交通銀行作為全國中央銀行的地位；[中國銀行行史編輯委員會：《中國銀行行史（一九二一一一九四九）》，頁 38-144。]1935 年 4 月，國民政府再次修訂中國銀行條例，導致中國銀行的實際控制權事落入四大家族操控中。二次大戰期間，日本於 1942 年 10 月將原來的中行北平支行改組成偽中國銀行總行。[中國銀行行史編輯委員會：《中國銀行行史（一九二一一一九四九）》，頁 594。]1949 年後，中國銀行被收歸國有。

該行是為收取支那鹽稅而設立的，是官民共同經營的特殊銀行。[18] 經過財政部的特許，代理國庫事務，也受理其他支那國內公債的償還及公債利息的支付等事務，是信用度極高的支那銀行。當地分店除上述業務以外，還受理支那內地滙款的業務。在天津、上海、漢口、南京、下關、揚州、信陽、石家莊、杭州等地設有分店。

第十八款　交通銀行（Communication Bank of China）

　　總行所在地：北京

　　資本金：15,000,000 支那元

　　到賬資本金：7,500,000 支那元

　　積累金：3,223,000 支那元

　　該行與支那銀行同樣，是支那政府為促進交通的發展而設立的特殊銀行，在支那地區信用度極大。[19] 經過政府特許，該行擁有

18　鹽業銀行於 1915 年成立，由鹽務署撥給官款官商合辦，經收鹽稅收入，並向運鹽公司借貸，經營鹽務為主。鹽業銀行成立時董事長為張伯駒、任鳳苞等，由袁世凱表弟張鎮芳為經理。袁乃寬、張鎮芳清末時曾任鹽運使，民國初曾任河南督軍、總統府顧問。後來總經理為吳鼎昌。吳氏後被蔣介石任命為實業部長、貴州省主席、國民黨政府文官長，可見它的政治背景。(周葆鑾：《中華銀行史》，第二篇，第三章，頁 38。) 其總部初設於北京，後設於上海，分行遍及天津、漢口、香港、杭州、南京、廣州。1923 年聯合金城銀行、鹽業銀行、中南銀行、大陸銀行組織儲蓄會及準備庫，故此四行被稱為「北四行」，1930 年兼辦儲蓄，設儲蓄部。(《中國之銀行史料三種》，頁 189。)

19　交通銀行始建於 1908 年，經郵傳部奏准設立，以「振興實業，挽回利權」為口號。(周葆鑾：《中華銀行史》，第二篇，第一章，頁 1。) 交通銀行成立之初，總行設在北京。除經營銀行業務外，還專掌路電郵航四大收益款項，並有代理及發行兌換券之權利，也是中國早期發鈔銀行之一，與中國

受理金庫事務、發行銀行券、募集公債等特權。

當地分店主要受理存款、貸付，保護預存等一般銀行業務，除此以外還主要辦理支那內地的滙款業務。國內設有 80 多個分店，在新加坡也有分店，在東京設有 1 個代理店，勢力較大。

第十九款　四海通銀行（Bank of Sze Hai Tong）

總行所在地：新加坡

資本金：2,000,000 新加坡元

到賬資本金：1,000,000 新加坡元

積累金：740,000 新加坡元

該行是根據 1889 年的海峽殖民地法於 1906 年 11 月 21 日在新加坡設立的。[20] 股東全部是支那人，其中以在海峽殖民地的華僑居多。

除當地外，在盤谷、上海、汕頭也有分店。在當地除經營一般銀行業務外，也受理外國滙兌業務。其勢力也不值一提。

第二十款　中華國寶銀行（China Specie Bank）

總行所在地：香港

資本金：1,000,000 鎊

到賬資本金：250,000 鎊

銀行一起分擔國庫與兌換貨幣之職權。1928 年北伐後，國民政府通過交通銀行負責扶助農礦工商，其總行後來設於上海，分行則遍佈全國多處。（《中國之銀行史料三種》，頁 192。）

20　1906 年，四海通銀行由黃松亭和陳德潤等潮商創立，總部設在新加坡，除經營一般銀行業務外，也受理外國滙兌業務，由於在金融危機期間，樹立卓越信譽，銀行業務迅速擴充至泰國與香港，更在上海、汕頭等開設分行。

該行於 1920 年 3 月 20 日在香港政廳登記，同年 10 月 2 日開業。[21] 它屬於支那人的滙兌銀行，股東全為支那人，每股額面價格是 5 磅，共有 21 萬股。

　　主要經營滙兌業務，也受理一般銀行業務，自開業以來時日尚短。雖難以察知其業績如何，但在廣東銀行及支那郵船公司的成立過程中，該行所起的作用不小。由一個銀行業務方面已有 50 餘年經驗的美國人處理外國滙兌業務，可以預見未來該行的事業必將蓬勃發展。擁有歐洲、美國等其他客戶，目前準備在上海設立分店，新加坡分店的設立也在計劃之中。

第二十一款 橫濱正金銀行（Yokohama Specie Bank）[22]

21　中華國寶銀行創立於 1920 年，由海外華僑和國內商人合辦，總行設於香港，1921 年於上海設立分行。經營業務主要為國內外滙兌、押款、貼現等，兼辦儲蓄。董事長王少咸。1923 年 2 月停業。（《中國之銀行史料三種》，頁 145。）

22　橫濱正金銀行由日資於 1880 年創辦，總行設於日本橫濱。自 1893 年正式在中國開展業務，在上海、天津、漢口、北京、大連等城市設立分行，以經營外滙兌換、貼現期票為主業。中日甲午戰爭後，其經營方針轉向處理日本在中國之商務及向華借款業務，又負責徵收大連海關及山海關的關稅；日俄戰爭後，橫濱正金銀行更大力拓展東三省業務，並有特權在中國東北發行日本紙幣，與俄資道勝銀行在該區競爭。1937 年中日戰爭爆發，橫濱正金銀行更負責推行軍票，支配日佔區的金融活動；1941 年太平洋戰爭爆發，橫濱正金銀行又接管英、美在華多家銀行的資本；及日本戰敗後，橫濱正金銀行於 1946 年被盟軍統帥部下令解散。

第二十二款 臺灣銀行（Bank of Taiwan）[23]

上述兩銀行的說明從略。

第三章　外國新式銀行的業務狀況

第一款　買辦

前一章提到的外國新式銀行中，除橫濱正金銀行以及支那人經營的銀行以外，其他都採用的是買辦形式。

買辦即 Cempradie，最早出現在支那，是指在歐洲與支那貿易間起到溝通作用的支那商人。「買辦」一詞起源於西班牙語「康白度」，原意是指採辦人，買辦的意思也由此而來。早年，歐洲商人，尤其是西班牙人、葡萄牙人、荷蘭人陸續來到支那經商。但這些外國人並不能越過通商港口進入內地開展商業活動，他們在內地甚至通商港口內的經商活動受到限制，因此僱傭一些極有才幹的支那人，以他們為媒介與支那商人進行交易。歐洲商人相信這種形式必能擴展業務，遂將所有業務全數託付於僱傭人。這便是買辦的起始。另外，支那各地語言各異，國內沒有法定貨幣，各地商行習慣

23　臺灣銀行由日資於 1899 所創設，為官商合辦之有限股份公司，總行設於臺北，分行遍設臺灣、日本以及上海、漢口、廈門、汕頭、香港、新加坡各地，經營目標旨在推廣日資在華的商業及金融影響力，經營存款、滙兌、借貸為主。在日據時期的臺灣，更負責發行日本總督府通行貨幣；及日據時代結束後，國民政府於 1946 年 5 月 20 日核准臺灣銀行復業，並合併日治時期之臺灣儲蓄銀行、三和銀行在臺分行，臺灣銀行更代理中央銀行及一般商業銀行之業務。

又不盡相同，這給外國人經商造成極大不便。買辦這種支那特有的經商形式也便應運而生了。

至於銀行與買辦的關係，買辦隸屬於聘僱的銀行，並能從銀行得到一定的資助。從這點來看，銀行在某種意義上是買辦的使用人。另一方面，買辦介於銀行與交易商人之間，可從商人方拿到提成，因此也有人認為買辦類似於經紀商人。

銀行在聘僱買辦時，明確規定了買辦的職責許可權，並交換契約書，一般還提供身份保證金。各銀行的契約書是不予以公示的，極其保密，因此難以知曉其具體內容，不過銀行與買辦雙方的契約書內對買辦職責許可權的規定應該是一致的。從這點來看，銀行的契約書與買辦的契約書概要應該大同小異。

下文簡要說明當地買辦從事的業務及職責許可權、收益等情況。

一、處理出納業務等。

二、交易全部由買辦保證。

三、招聘所需工作人員。

四、鑑定支票及通貨的真偽。

五、保管現金。

六、對支那商人的信用調查。

七、研究投資方法。

八、斡旋賣方滙兌時，可從銀行獲得 1.25‰ 的手續費。

九、斡旋買方滙兌時，可從銀行獲得 0.625‰ 的手續費。

十、斡旋折扣貸款時，銀行不支付任何手續費。

第二款　滙兌

滙兌是當地各外國銀行重要的業務項目。每天上午 9 點 30 分

左右，各銀行以香上銀行為基準，並參照倫敦、紐約的銀市價以及上海、印度市場的行情，在此基礎上確定當天的市價。其他各銀行以此為參照，從各自立場出發經營買辦業務。滙兌買辦絕大多數均直接在商人與銀行之間進行。有十幾名仲介業者遊走於各大銀行，從事買辦業務。

星期三和星期六兩日至下午 1 點結束滙兌，普通工作日滙兌時間截止至下午 4 點半。

第三款　存款以及貸款利息

活期存款為支票活期存款，受理小額支票活期存款的銀行極少。活期存款的利息 1 年約 2 分至 6 或 7 分不等，定期存款的利息，香上銀行 3 個月為 3 分，6 個月為 4 分，1 年為 5 分。

貸款利息一般在 8、9 分至 12、13 分之間浮動。

第四款　紙幣發行

當地的紙幣是經政廳許可發行的即期付款票據，它不是法定貨幣，類似於臺灣銀行在汕頭、廈門、福州等地發行的付款票據。以前在廣東發行的萬國通寶紙幣以及澳門紙幣等是可當作流通貨幣的，但 1913 年 6 月 17 日公佈的條例規定，除香上、渣打、有利三大銀行以外，對其他銀行發行的紙幣一概不予承認。

第四章　支那銀號

第一款　概說

　　香港地區支那固有的金融機關主要有三種：銀號、金舖、找換金銀錢臺行。在支那各地具有勢力的山西票號就屬於其中一種。香港是英國殖民地，如支那內地一樣，當地沒有最為方便的負責保管及輸送官銀的機關，支那銀號便這樣產生了。上述三種機關中，金舖是買入原料金屬及外國硬幣，製造成金葉進行販賣的機關，它並不是直接的金融機關。找換金銀錢臺行是散落於市中心各地的兌換店，規模極小。只有銀號才是當地支那人中最為重要的金融機關，它受理普通銀行的業務。當地支那商人多數是廣東人，因此銀號也多由廣東人經營。

　　當地的銀號如下表所示：

店名	所在	店名	所在
均昌	德輔道	明益	永樂東
華記	文咸西	廣恒	同
鎰安	永樂東	廣昌	同
裕亨	同	乾記	同
裕恒	同	全生	同
裕記	同	泰源	永樂
義記	同	瑞和	同
和盛	同	昌盛	同
福和	同	麗興	文咸東
福華	同	鉅禮	同

全益	同	鉅安	同
全盛	同	公裕	同
財記	同	公利	同
昭信	同	恒昇	同
寶恒	同	富源	同
明新	皇后大道	瑞元	皇后大道
利昌	同	瑞吉	同
鴻德	同	恕德	同
大有	同	誠德	同
祥安	同	承德	同
裕發	永樂東	安裕	同
義隆	同	永盛隆	文咸東
安盛	同	宏益	同
順成	文咸東	維新	同
兆源	同	維吉	同
誠源	同	同記	同
崇裕	同	瑞昌	同
肇昌	同	瑞生	同
安昌	同		
麗源	同		

金舖除和昌以外，另有 8 家；找換金銀錢臺行算昌記在內總數達到 150 家，加上街邊兩旁的兌換店，數量可超過 300 家。

第二款　組織

若想在當地經營銀號，在開業前需向當地政廳提交詳細表記

其資本金額、營業主、營業種類等資料的申請書，並需要通過政廳的許可。但支那內地也有些銀號只需經過同業者的認可便可開業。銀號通常很少由個人經營，大多數情況下由多數人聯合成立並開展相關業務。組合的關係詳情不得而知。一般情況下，銀號主要由兩人以上簽訂合資契約後成立，組合成員內部實行無限責任制。

第三款　資本金

銀號的資本金 5 萬元至 50 萬元不等，其中純資本金額不大，而大多數銀號會用每年的利潤累計而成公積金。公積金金額數量很大，可以達到資本金的數十倍。銀號的普通資本金據稱達到 30 萬元甚至 50 萬元，實際上其中是包含了公積金的。

第四款　營業

銀號的主要業務與普通銀行相差無幾，也受理存款、貸款、滙兌及銀的買賣等。

第一次　存款

存款分活期存款與定期存款兩種，沒有特殊存款與通知存款。近來受理活期存款的銀號也有所減少，主要的業務是受理定期存款。

辦理活期存款時，需要領取銀號發行的存摺及支票簿。存款時，帶著現金與存摺到銀號，銀號在存摺的收欄裏標記金額及存款日期以證明存款。支票上有即時付款及定期付款兩種。需領取支票時，必須通知其銀號，若忘記通知則有可能遭銀號拒絕。手續如此繁瑣，加上近來新式外國銀行不斷開設，存款逐漸被外國

銀行的活期存款及小額存款吸收了，銀號所經營的活期存款業務也逐漸減少。

對應每筆定期存款會發放一頁存款證明書。

雖說是定期存款，支付日期也並未明確規定，它也可以隨時取出。只不過信封上標記有存款的約定期限以及利息。到約定日期期間可只領取利息，本金的存放可延長至任意時期，銀號由此可免去更新期限的手續，又可節省印花稅。因此名義上被稱為定期存款，但實際上應該叫做長期或者是無期存款更為合適。利息 1 年 4 分至 6 分不等。

第二次　貸款

貸款分為有擔保與無擔保兩種。現在大部分是經信用度高的人保證的無擔保貸款。對倉庫證券或房產等不動產的擔保貸款是極少的。利息按日計算，100 元約 1 天 2 分 4 厘。

第三次　銀號所受理的滙兌

當地銀號的收支兌換幾乎僅限於廣州、上海、新加坡等地，其他地方如廈門、汕頭、福州等沿岸各地的兌換由其當地的錢莊負責。往當地派遣一名或兩名工作人員，在當地辦理相關業務，通常是租借一間朋友的房間以做營業所來經營兌換的買辦。損益決算也均在總店計算，整個運轉機制類似於代理店。營業所規模小，不像當地銀號那般正式地經營一家店舖。在新加坡有總店。瓊海通、余仁生、瓊會安等錢莊也在當地安排有工作人員，專門辦理對新加坡滙兌的買辦。但因營業所規模不大，派遣前往當地的工作人員的職責與廈門、汕頭、福州等沿岸各地錢莊的工作人員並無差異。

各地錢莊是銀號的客戶，銀號的滙兌買辦很多也是直接面向各地錢莊的。這部分買辦業務大多是聚集支那人的小額滙兌，將其賣與外國銀行，憑藉市價之差而獲利。一般來說，各銀號可與外國銀行的買辦保持聯絡，因此可抓住市價之差而獲取極大利益。

第四次　銀的典貸

自香港政廳禁止使用外國銀幣以來，銀的典貸業務遭受一定打擊。加上如今仍在市場上流通的銀幣及小銀幣的市價不穩定，銀幣基本上已不進行買賣或兌換了。將銀幣運往廣東等地獲取的利益，與貸款兌換而得的利益其實是不相上下的。

第五款　使用人

根據店舖業務的繁閒，各使用人的數量也是有所差異的。如下所示：

經理人：1 人
點銀兼數銀員：1-2 人
管銀：1-2 人
秤銀：1-2 人
掌櫃：2-3 人
賬房書記：2-3 人
出街：3-4 人
學徒：3-4 人

小銀號裏，點銀、數銀、秤銀、管銀全由一人負責。

第六款　同業者的聯絡

銀號每日互派出街，在支那內地各市場查對市價。除此以外，另設置銀號公所，通過此公所共謀利益。同業者中若有人違背了公所制定的規定，各同業者聯合抑制該行為。同業者若起糾紛，董事負責裁決調停。在法律不健全的支那，銀號公所充分維護了商民的利益。因此公所也成為銀號同業者們一個必不可少的機關。當地在開埠之初，完全處於英國法律的支配之下，銀號公所此時就更突顯出其必要性。在會館公所的組織下，於 1914 年 8 月 27 日的孔子誕生日，各銀號代表在某酒樓會面，制定了銀業行相關規定。但交易上所獲的利益卻並不比會館公所設立之前的更大。

下文簡要概述銀業行條規：

一、同業者不論業務大小，各銀號均出資 500 元以作維持會所之用。發給各銀號一頁規則書，以作出資證明。

二、以民國二年八月二十七日作為銀業行成立之日，選舉主席 1 人，司庫 1 人，司理 1 人來負責會所各事務。

三、基本金由各大銀號按季度輪流保管。八月二十七日到三月十五日為第一期，三月十五日到八月二十七日為第二期。基銀的利息不論當時利息的高低，一律為 7 分 2 厘。以公益為主。

四、各銀號辦理貸款業務時，須使用英國法律規定的厘印單（由政廳確定的漢文借用證）。到截止日期清算利息時，該借用證須返還銀號。更新延期時須重新製作證明書以收取利息。若違反以上規定，將處以 100 元罰款，其中 50 元交給公所，另 50 元用以獎賞證人。

五、若有不法之徒為逃避債務而惡意破產，或有不知營業道德之人，不論是主人還是經理人，也不論其是出於何種生計，一

律先以文明的態度予以忠告。若仍不知悔改，將沒收其對公所的出資，捐作東華醫院的慈善基金。

六、同業者若不幸遇到交易上的困難，其他同業者應協力予以救助，防禦外來的迫害。

七、協商諸事時須由司事或其代理人召集全體會員進行。議事均應以公益為主，以注重萬事周到為宗旨。決議事項後應附有每個會員的簽名以作日後證明。日後不得以當日沒參加集會或沒簽名為理由對決議提出異議。

八、東華醫院雅麗氏養育院費及東華醫院總理的選舉費用應由各銀號捐贈。若有違背，醫院將直接派人干涉。

九、每年三月二十五日趙元帥誕生日與八月二十七日孔子誕生日舉行隆重的慶典，給各銀號發一張神福。當夜在酒樓開辦宴會，各銀號須派一名代表參加，屆時協議商務。

十、若有銀號關店歇業，出資的 500 元基本如數返還。若有利息剩餘，一半交給公所，一半返還。若公所經費緊張，無法返還本金時，銀號須以公款為重，等有新入會員交付入會基金時再返還。

以上。